JN410228

종이 한 장

박윤효 수필집

북랜드

국립중앙도서관 출판시도서목록(CIP)

종이 한 장 : 박윤효 수필집 / 글쓴이: 박윤효, --- 서울 : 북랜드, 2018
p. 256 ; 14.8×21cm

ISBN 978-89-7787-813-6 03810 : ₩ 15000

한국 현대 수필 [韓國現代隨筆]

814. 7-KDC6
895, 745-DDC23 CIP2018031871

박윤효 수필집

종이 한 장

초판 인쇄 | 2018년 10월 15일
초판 발행 | 2018년 10월 20일

글쓴이 | 박윤효
펴낸이 | 장호병
펴낸곳 | 북랜드
서울 강남구 강남대로 320 황화빌딩 1108호
대표전화 (02) 732-4574 | (053) 252-9114
팩시밀리 (02) 734-4574 | (053) 252-9334

등 록 일 | 1999년 11월 11일
등록번호 | 제13-615호
홈페이지 | www.bookland.co.kr
bookland@hanmail.net

ISBN 978-89-7787-813-6 03810

값 15,000원

종이 한 장

| 작가의 말 |

'인생은 육십부터' 라는 말이 있다. 꼭 나를 두고 한 말인 듯 싶다.

매일 글을 읽고 쓰는 호사를 누리고 있다. 특히 수필을 쓸 때는 아련한 추억으로 가슴속에서 뭉클한 감동이 일어난다. 육십 년 세월을 살아 내느라 외면했던 내 안의 어린아이를 위로할 수 있어서 더욱 그러하다.

팔 년여의 시간을 보내는 동안 어쭙잖은 작품들이 모이기 시작했다. 수필집을 내고 싶은 작은 욕망이 꿈틀거렸다. 처음 수필 공부를 시작했을 때는 엄두도 낼 수 없는 일이었다. 가슴에서 뜨거운 기운이 일어난다. 마음 한 편에서는 부질없는 짓이라며 끓어오르는 마음을 잠시 식혀주기도 한다. 그러나 무엇에 끌리듯이 서서히 준비를 하고 있는 나를 발견한다.

예전부터 꿈꾸어 오던 서예와 수필의 접목을 생각한다. 하지만 서예 작품만 넣는 것보다는 문인화를 곁들이면 더 좋을 것 같다는 생각에 연초부터 문인화 그리기에 도전했다. 팔월 말, 드디어 그 작업에 마침표를 찍었다.

들판에는 벼들이 알알이 영글어 고개를 숙이며 노란 물결을 일렁인다. 올 여름 유례없는 폭염에도 잘 견뎌 내고 이렇게 풍성한 가을을 선물해 주었다.

나 또한 인생의 가을에 서서 결실의 기쁨에 취해보려고 한다. 내 삶의 선물 같은 소중한 첫 수필집을 세상에 내보내면서, 먼저 글을 쓸 수 있도록 마음의 평온을 유지할 수 있게 해준 가족들에게 감사한다.

또한 서예의 경전 선생님, 문인화의 자운 선생님, 그리고 수필집을 낼 수 있도록 끝까지 격려하고 서툰 글에 알뜰한 서평으로 날개를 달아주신 곽흥렬 선생님, 폭염에도 마다하지 않고 힘이 되어주신 이 세 분 선생님께 진심으로 감사드린다.

2018년 가을에

박윤효

차례

2 달팽이 여정

3 연꽃에 띄운 사연

4 세월의 계단 이편에서

1

못다 한 말

잊을 수 없는 순간

돌아보면 가슴 벅찬 감동의 순간들이 있다. 순간의 좋은 기억은 힘들고 지쳐서 쓰러지려 할 때 버틸 수 있는 작은 힘을 발휘한다. 황폐한 들판에 여리고 노란 민들레가 활짝 피어 있는 것을 발견할 때처럼, 끈질긴 생명력이 되어 작은 희망의 싹을 틔운다. 살면서 버팀목이 되어 준 소중한 추억이 있다. 까마득한 옛날이건만 마치 어제일 같다.

우리들은 라디오에 귀를 쫑긋 세우고 듣고 있었다. 합격자 발표가 이어진다. 번호가 점점 가까워올수록 마음은 콩닥콩닥 뛰었다. 드디어 ○○○ 번호가 나왔다. 귀를 의심했다. 쌀집 아저씨도 흥분해서 “야! 네 번호가 나왔다.” 고조된 목소리로 집이 떠나가게 소리를 질렀다.

우리 반에서는 대구 경북여중에 다섯 명이 시험을 봤다. 경북여중이라면 당시 대구 최고의 명문중이 아니었던가. 경북여고까지 보장되어 있고, 세라복에다 세 줄 무늬는 모두가 바라는 선망의 대상이었다.

시험 보는 날 우리 집에서는 아무도 동행하지 않았다. 나는 선생님의 인솔 하에 불안한 마음을 달래면서 시험장에 도착했다. 1교시 시험을 마치고 나오면 게시판에 정답을 붙여 놓았다. 아이들은 정답을 맞춰보면서 더욱 불안해하였다.

그렇게 4교시를 마치고 점심시간이었다. 긴장도 풀리고 아이들은 즐겁게 점심 도시락을 먹기 시작했다. 도시락을 푸는 순간 나는 놀라서 다시 닫아 버렸다. 순 꽁보리밥에 된장이라니 창피해서 먹을 수가 없었다. 조용히 밖으로 나왔다. 게시판에서 정답을 맞춰보고 있는데, 친구 어머니를 만났다. 시험 보느라 고생한다며 따뜻한 찐빵을 사 주셨다. 고마움과 서러움이 한꺼번에 몰려와 가슴이 찡하고 눈시울이 붉어졌다. 한 입 베어 무는데 그 따뜻하고 달콤한 팥 맛은 지금도 잊을 수가 없다.

오후에는 체육 실기 시험을 봤다. 팔굽혀 펴기, 철봉 오래 매달리기, 달리기, 멀리 뛰기, 합해서 기본 20점이다. 체육을 잘

못 하는 나는 기본점수를 얻으려고 최선을 다했다. 다행히 낙제점은 없었다. 시험을 마치고 다시 학교로 돌아와서 선생님과 정답을 맞춰본 결과 우리들은 성적이 좋은 편이었다. 안심을 하니 갑자기 너무 배가 고파왔다. 체면 불고하고 구석자리로 가서 꽁보리밥에 된장을 달게 먹었다.

발표가 나고 학교에서는 경사가 났다. 우리 반에서는 다섯 명이 다 합격을 해서 담임 선생님은 교장 선생님께 칭찬을 듣고, 우리들은 팔십여 명 반 친구들의 부러움을 온몸에 받았다.

수험 공부를 하는 동안 담임 선생님의 지도는 엄하고도 다정다감했다. 특히 나에게는 수험서를 사 주지 못하는 부모님을 대신해서 선생님이 당신께서 보는 책을 빌려 주시고, 여러 가지 공부할 수 있는 자료들을 챙겨 주셨다.

벗어날 수 없었던 가난의 굴레와 배움에 대한 좌절 속에서 나를 버티게 해준 잊을 수 없는 순간이다. 충분한 가능성을 가지고 태어났다는 자부심으로 가슴 한가운데 작은 궁전을 짓고는 스스로 가난한 궁전의 공주가 되었다. 공주는 남루한 옷은 입었을망정 의기는 살아 있어야 한다. 남몰래 눈물은 흘릴지언정 항상 당당하고 의연해지려 뼈를 깎고 살을 에는 아픔을 감내하려 노력했다.

秋菊晚香
蕙任堂

지금도 내 안에는 늙지 않는 공주가 살고 있다. 그 공주의 이름은 '자존감' 이라 부른다. 세월의 물결에 깎이고 다듬어져서 이제는 몽돌이 되어가는 공주다. 그러나 부서지고 깎인다 해도 몽돌의 본체는 돌이듯이 영원히 본성을 잃지는 않으리라. 여전히 감동의 순간들을 만들어 가면서 최선을 다해 살아가리라. 그것이 내가 살아가는 이유이고 힘이니까.

겨울이 지나면 봄이 오듯이

시장은 여전히 활기가 넘친다. 화려한 장식의 옷가지, 얌전하고 단아한 개량한복, 북적이는 손님과 호객하는 가게 주인들, 시장 거리는 가장 치열한 삶의 현장이다.

동산상가 이층 난간에서 아래를 내려다본다. 좌판에 놓인 음식들이 눈을 유혹한다. 떡볶이, 순대, 부침개, 잔치국수, 수제비 등등……. 좁다랗고 긴 의자에 쪼그리고 앉아서 맛있게 먹고 있는 사람들, 언니와 함께 그들을 바라보면서 추억에 잠긴다.

어린 시절 각자의 아픔만이 가슴을 비집고 올라온다. "너희들은 어려서 모른다. 아버지를 따라 이 시장에서 신발 장사도 하고, 빵을 도매로 팔기도 하고 고생 고생 말도 못 한다." 칠순을 바라보는 언니의 하소연이 시작되었다. 내색은 안 했지만 기회 있을 때마다 한 번씩 늘어놓는 하소연에 오늘은 좀 억울하다는 생각이 들었다.

초등학교 5학년 겨울방학 때였다. 나 역시도 이 시장에서 찹쌀떡을 구워 팔았다. 건축 일을 하는 아버지는 겨울만 되면 일거리가 없어서 입에 풀칠도 못 하는 형편이었다. 할머니와 어머니, 아버지, 우리 팔 남매, 완전히 대가족이었다. 궁여지책으로 겨울에는 찹쌀떡을 만들어서 파는 일을 했다. 어머니는 식구들 건사하느라 골몰하고, 일을 할 수 있는 가족은 아버지, 언니, 나 이렇게 세 명이었다. 언니는 직장을 얻어서 다니고 나에게는 이 일을 시켰다.

2지구는 포목상이 있는 건물이다. 아름다운 비단이 즐비하고 전깃불이 휘황찬란하다. 혼수를 준비하는 손님들이 많아 장사 목이 좋을 거라면서 점포로 올라가는 계단에서 화롯불을 피우고, 그 위에 석쇠를 올려놓고 찹쌀떡을 구워 팔았다. 창피하고 부끄러워서 얼굴을 들 수가 없었다. 반 친구라도 만날까 봐 마음을 졸였다.

몰골은 또 어떠했던가. 단발머리에 몽당치마, 다 낡은 운동화에 손은 얼고 터져서 피가 나고, 초라한 나의 모습에 어디로 숨어 버리고 싶은 심정이었다. 화사한 한복을 곱게 차려 입은 포목상 아주머니들은 대갓집 마나님 같고, 우중충하고 낡은 옷을 걸치고 찹쌀떡을 굽는 자신은 마치 하녀가 된 듯하여 슬픔이 밀려왔다. 그나마 다행인 것은 특별히 다른 간식거리가 없던 시절이라 찹쌀떡이 생각보다 잘 팔렸다는 것이다. 부끄러움은 잠시 접어두고, 서툰 솜씨지만 열심히 구워서 팔았다. 잘했다고 아버지께 칭찬을 들을 것을 생각하면 위안이 되었다. 이렇게 긴긴 겨울을 보냈다.

언니는 나의 이야기에 깜짝 놀란다. 새벽별 보고 출근하여, 밤하늘의 별을 보며 집으로 돌아와 정신없이 쓰러져 자는 생활이라 까맣게 몰랐다고 한다. 한 이불 덮고 자는 언니도 자기의 아픔이 더 크게 느껴졌는가 보다.

우리는 동산상가에서 내려와 좌판에 나란히 앉았다. 맵고도 달콤한 추억의 떡볶이를 맛있게 먹었다. 언니도, 나도 이제는 안온한 얼굴에 웃음꽃이 핀다. 겨울이 지나면 따뜻한 봄이 오듯이.

그들은 어디로

사람들이 보이지 않는다. 환한 미소로 맞이하던 할머니와 근엄하고 멋스러운 신사 할아버지, 단란한 가족들이 오늘은 어디로 숨었을까. 의아한 마음에 내려가며 살피고, 올라오며 살펴도 눈에 들어오지 않는다.

지인의 아름다운 추억을 멋지게 꾸며 주고 싶어서 설레는 마음으로 사진관을 찾았다. 으레 그 자리에 있으리라는 생각에 오랜만에 길거리 풍경을 감상하며 걸었다. 저 멀리 사거리가 보인다. 아차, 지나쳤구나 싶어 되짚어 걸으며 찬찬히 살펴보았다. 하지만 늘 다정하게 맞이하던 얼굴들이 눈에 띄지 않는다. 무심하게 지내는 사이에 사진관은 이미 사라지고, 수입음

묘수들이 나란히 자리를 지키고 있었다. 가슴속에 서늘한 바람이 인다. 아쉬움일까. 그리움일까. 미묘한 감정들이 안개처럼 피어오른다.

귀여운 재롱이 잔치, 차전놀이의 웅장한 자태, 사계절 따라 쑥쑥 자라는 아이들의 모습, 우리 부부의 성숙해 가는 과정, 신혼의 단꿈과 함께 순간순간의 추억들을 갈무리해 주던 곳. 세월의 저장고를 잃어버린 듯 상실감으로 다가온다. 사십여 년을 무수히 찍혔을 내 발자국과 일상의 대화들이 갑자기 그리워진다.

사라지는 것이 사진관 하나뿐이겠는가. 수시로 드나들던 수제빵집도 모습을 감추고 이제는 그리운 맛이 되어버렸다. 도로의 가게들이야 개업, 폐업은 무시로 일어나는 일이다.

오고 가는 것이 가게들뿐이랴. 내 곁에 있던 소중한 것들이 하나 둘 사라져 갔다. 유년 시절 성당 앞에서 귀까지 내려오는 모자를 쓰고, 김이 모락모락 오르는 군고구마를 파는 아저씨가 갑자기 뇌리를 스친다. 엄마를 기다리며 손이 발갛게 얼어있는 것을 보고 곁불을 허락한 아저씨의 따스함이, 지금 이 시간 서늘해진 마음에 온기를 불어넣는다.

연전에 들었던 동화사 진제 큰스님의 설법이 생각난다. 스님은 "'제행무상', 이 세상에 존재하는 모든 물체는 순간순간 변하지 않는 것은 아무것도 없다."라고 하시며 순간 탁자를 쳤다. "탁~" 하는 소리는 엄숙한 정적을 깨운다. "지금, 탁~ 하는 소리가 났다고 하겠지만 그것 또한 이미 지나간 시간이다." 스님의 말씀에 숙연해졌었다.

시간이 오고 가는 것은 비록 눈에 보이지 않으나 지나고 보면 이미 아득히 멀리 와 있다는 것을 알 수 있다. 밤하늘엔 콕 찔릴 것 같던 눈썹달이 어느 날 문득 바라보면 마음을 환하게 밝혀주는 보름달인가 싶더니 다시 어느 순간 칠흑 같은 어둠에 싸인다. 봄이면 연둣빛 파릇하던 새싹들이 어느새 가을을 맞아 노랑, 빨강으로 예쁘게 물들다가 바스락거리는 낙엽이 되어 어디론가로 가버린다. 하품하며 옹알이 하는 모습이 천사 같은 아가도 흐르는 세월 속에 이마에는 川 자가 그려지고, 깊은 밭고랑이 진 얼굴로 멍하게 하늘을 바라보다 어디로 가는가.

그리운 사람들이, 사진첩을 들추는 것처럼 떠오른다. 혈연의 정으로 영원하게 이어질 줄로만 알다가 갑자기 마주하는 이별의 황망함. 사진첩 속의 아버지, 어머니는 여전히 환하게 웃고 있다. 나를 아프게도 했지만, 정신적으로 성숙하도록 도움을 준 고마웠던 사람들. 그들은 모두 어디로 갔는가.

이렇게 깊은 상념에 빠지는 이유는 무엇일까. 생각이 꼬리를 문다. 저번에 사진 현상을 하러 갔을 때 노부부의 애잔한 모습이 마음에 걸린다. 젊은 날은 손님들에게 멋진 모습을 담아주며 당당하던 그들이 그 날은 서로 나무라며 일처리가 매끄럽지 못했다. 이미 노쇠하여 평생을 해 온 작업이 잘 되지 않는다. 보는 사람이 민망스러웠다.

그날 이후 갑자기 사라졌다. 어디로 갔을까. 알 수가 없다. 먼 훗날 언젠가는 사라질 내 모습이 연상된다. 연민의 정이 마음을 더욱 쓸쓸하게 한다.

아버지의 수의

도포 자락 펄럭이며 학춤을 춘다. 끊어질 듯 이어지는 퉁소 소리에 두 팔을 은빛 날개처럼 활짝 펴고 사뿐히 날아 앉는 한 마리 학이 된다. 꿈속의 아버지는 세속의 아픔을 떨쳐버리고 고고한 음률에 젖어든다.

오십 대 중반의 아버지는 육 년간의 투병생활로 이미 떠나갈 날이 멀지 않았음을 짐작하고 있었다. 어느 날 명주 세 필을 마련하셨다. 바느질도 제대로 못 하는 나에게 바지저고리 마름질을 가르쳤다. 철없는 딸은 아버지의 깊은 뜻을 헤아리지 못했다. 치수를 재고 마름질을 시작했다. 아버지는 열심히 하고 있는 나를 바라보며 미소를 지었다. '배가 아프다고 칭얼대며 업

어달라던 때가 엊그제 같은데 네가 벌써 이렇게 자랐구나.' 혼자 중얼거리셨다. 바지저고리 만드는 데 꼬박 하루를 보내고 이튿날은 두루막과 도포를 만들었다. 아버지는 도포를 입어 보시며 씁쓸한 미소를 지었다. "나는 죽으면서도 웃으며 죽을 것이다." 나지막하게 말씀하셨다. 그 때는 몰랐다. 어린 자식들을 두고 떠나야 하는 비통한 심정을. 또한 육신의 통증을 차마 말도 못 하는 아픔을.

아버지는 낮에는 밭 갈고 밤에는 책읽기를 좋아하는 시골의 평범한 농부였다. 하지만 한국전쟁이 막 끝난 '50년대의 농촌 생활이란 농사지어서 대가족 살림을 꾸려가기에는 춘궁기를 견디기 어려웠다. 자식들 교육문제도 있고 하여, 논밭을 정리하고 도시로 나왔다. 고생 끝에 제법 자리를 잡아 갈 무렵 욕심이 화를 불렀다.

도시의 발달과 함께 건축 붐이 일어났다. 아버지는 건축 사업을 시작했다. 처음에는 잘되는 듯했지만, 그 당시에는 자고 나면 부도가 일어나던 시절이었다. 역시나 아버지에게도 재난이 닥쳤다. 받을 것은 받지 못하고 부도가 나자 제일 가까운 사람들이 먼저 배신을 했다. 그들은 집에 와서 난동을 부리고, 어머니를 괴롭혔다. 나는 울면서 아저씨들에게 대들었다. 급기야

아버지는 뇌졸중으로 쓰러지고 말았다. 젊은 아버지의 꿈도, 나의 꿈도 함께 와르르 무너졌다.

사업 실패의 쓰라림과 뇌졸중의 후유증으로 고통의 나날이 시작되었다. 어린 자식들 때문에 아버지는 아파도 아파할 수가 없었다. TV도 없던 그 시절 바깥출입이 불편한 아버지가 무료한 시간을 보내기란 여간 어려운 일이 아니었다. 모든 가족이 모이는 저녁 시간이 유일한 즐거움이었다. 책읽기를 좋아하는 아버지는 이제 더 이상 책을 읽을 수가 없었다. 가끔 우리가 읽는 책을 누워서 듣는 것을 즐거워하였다.

어느 날 저녁을 먹고 '옥루몽'을 읽기 시작했다. 내용이 재미가 있어서 읽는 나도 흥이 났다. 아버지는 머리가 아픈 통증도 잊을 정도로 집중해서 듣고 있었다. 하늘의 문창성이 인간세상으로 내려와 양창곡이란 이름으로 살아가는 이야기가 신비롭고 흥미진진하여 시간이 깊어 가는 줄도 몰랐다.

읽다 보니 목이 아팠다. 하지만 아버지는 계속 읽기를 바랐다. 동생과 주고받으며 책을 읽었다. 양창곡이 꿈에서 깨어보니 파란만장하던 한평생이 한낱 꿈이었다는 결말을 읽고 나니 아침이 밝아왔다. 아마 아버지도 이 상황이 한낱 꿈이기를 바라지 않았을까. 꿈을 깨면 건강한 몸으로 가족을 위해 열심히 일하는 모습이 그리웠을 것이다.

그 날도 나는 저녁밥을 지으며 아버지께 무슨 질문을 했다. 늘 상 있는 일이었다. 어떤 질문을 해도 아버지는 친절하게 대답하곤 했다. 그런데 두 번을 물어도 아무런 대답이 없었다. 순간 마음이 불안하여 방으로 뛰어 들어갔다. 아버지는 눈만 크게 뜨고, 말을 못 한다. 어머니를 불렀다. 병원으로 모시자고 했으나 아버지는 손을 흔들었다. 뇌졸중이 재발하여 이미 말문을 닫고 수족이 식어 왔다. 병원에 가도 부질없다는 표정이었다. 아버지는 속수무책으로 그렇게 가시었다. 몸은 불편해도 그렇게 가실 수 있다는 생각을 나는 못 하고 있었다. 이것이 생과 사의 갈림길인가. 너무도 순간적이라 정신이 황망했다.

육신의 아픔을 하소연도 못 해보고, 다 자라지 못한 자식 걱정에 얼굴 한 번 찡그리지 못했다. "괜찮다 걱정 마라" 하시기에 정말 괜찮은 줄 알고 의지하고 기댈 줄만 알았던 바보 같은 딸자식. 단벌 양복이 소매 끝이 해어져서 꿰매 입으시던 아버지께 나는 생전에 깨끗한 양복 한 벌 해드리지도 못했다. 아직도 많은 날들이 있을 줄만 알고. 다음번에 월급 타면 하고 미루었는데 아버지는 기다려주지 않았다. 아버지는 당황해 할 우리들을 위하여 미리 수의를 만들게 하셨다. 그 마음이 얼마나 아팠을까. 세상의 이치를 깨닫고 삶이 가장 무르익어 가는 지천명에 이르렀으나 꿈을 활짝 펼쳐보지도 못하고 떠나갈 것을 생각했다는 그 마음을 헤아려 보노라니, 세월이 흐른 지금에도 가슴이 찌르르 아려온다.

아버지는 곱게 단장하고 내가 만든 수의를 입었다. 도포 자락을 얌전히 하고 두 손을 모으고 두건을 썼다. 고고한 선비의 기상이 서린다. 비록 살아생전에는 남루한 옷을 입었을망정 이제 아버지가 원하시던 모습이 되어 영면에 드실 수 있게 되었다. 아버지가 우리에게 하시고 싶었던 말씀이 이런 것이었을까, 아버지의 무언의 가르침이 가슴속에 각인된다. 떠나보내고 아버지의 방으로 돌아오니 늘 누워 계시던 곳에 빈자리만이 또 한 번 가슴을 미어지게 한다.

벽에 걸린, 아버지가 친히 쓰신 '朱子十悔' 가 아버지의 음성으로 또박또박 읽어주는 듯하다.

處獨居閑絶往還只
呼明月照孤寒憑君
莫問生涯事萬頃煙
波數疊山

錄金宏弼先生詩
慕任堂朴潤孝

김굉필 선생 시 홀로 있으며 한가한 곳에 사니/ 오가는 이 드물고// 오직 달을 부르니/ 가난하고 외로운 나를 비추네.// 그대 생각으로/ 나의 생애 묻지 마라.// 넓은 바다 안개 낀 물결/ 첩첩한 산들이 가득하니라.

비뚤이 손

엄마의 손을 만지작거린다. 작고 힘없는 손에는 살이라고는 하나도 없다. 앙상한 뼈마디에 핏줄이 투명하게 비치는 얇아진 피부는, 죽~욱 늘어트리면 제자리를 찾는 데 한참이 걸린다.

뇌졸중으로 쓰러진 후 두 달이 다 되어간다. 언어 장애가 와서 말도 못 하고, 옆에서 부르면 잠시 눈을 떴다가 다시 감아 버린다. 정신이 있는 것인지 없는 것인지 알 수가 없다. 손을 가만히 들여다보았다. 이 조그만 손으로 어떻게 그 많은 일을 하였을까. 안쓰러움에 손가락을 펴보았다. 비뚤한 검지가 '아야야' 애처롭게 하소연을 하는 듯하다.

엄마의 검지는 비뚤하고 가느다랗다. 외할머니는 엄마를 나이 겨우 열넷 되는 해에 일본군에게 끌려가게 하지 않으려고, 시집보낼 결심을 했다. 소에게 꼴 먹이고 와서 외할머니 젖을 먹던 철부지 어린아이를 시집을 보냈다.

신랑이 무언지도 모르는 작은 새아씨에게 고난이 시작되었다. 시집 온 지 일 년도 되지 않아 신랑이 장티푸스에 걸렸다. 홀시어머니를 도와 농사일에, 살림살이에, 신랑 병시중에 가녀린 몸은 일에 지쳐서 쓰러지듯 잠들곤 했다. 하루는 작두로 소꼴을 썰다가 그만 '아차' 실수로 손가락이 비스듬하게 날아가 버렸다. 앞치마에 피가 뚝뚝 떨어지는 손가락을 싸잡고 동네 의원으로 달려갔다. 의료시설이 제대로 갖추어지지 않았던 그 시절, 접합을 하지 못하고 겨우 상처만 아물었다. 섬섬옥수였던 새아씨의 손은 세상에 하나밖에 없는 비뚤이 손가락이 되었다.

해방둥이 언니를 낳고, 한 탯줄에 내리 딸 셋을 생산했다. 6 · 25 전쟁 중에도 생명은 태어났다. 남아선호사상이 짙던 그 시절 딸만 셋을 낳은 며느리의 서러움은 말할 필요도 없다. 산후조리는 엄두도 못 내었다. 산모가 밥을 지어 안방의 시어머니께 가져가면 "너나 먹어라" 하면서 획 돌아누워 버린다. 퉁퉁 부은 얼굴로 삼을 삼고, 베틀에 앉아 삼베를 짰다. 셋째 딸은 이름도 지어주지 않았다. 언니가 그냥 남들이 부르는 이름을 본떠서 부르다가 이름이 되어버렸다. 남자동생을 낳으라고 남자 이름을 불렀다.

시어머니 회갑 년에 드디어 아들을 낳았다. 며느리의 서러움은 이제 끝이다. 허리 굽은 시어머니는 장터까지 가서 미역을 사들고 남이 들어주면 부정 탄다고 당신이 끝까지 들고 와서 미역국을 끓여 주었다. 아들이 무엇인지…….

부부 금슬은 좋아서 슬하에 팔 남매를 두었다. 엄마의 비뚤이 손가락은 잠시도 쉴 여가가 없었다. 잔병치레 많은 홀시어머니는 약탕관이 끊일 날 없이 칠십여 세까지 살다 영면하셨다. 하나 있는 시동생은 세 번의 혼례를 올렸다. 막내가 태어나고 몇 해 되지 않아 남편이 사업 실패로 건강이 나빠져서 종내에는 뇌졸중으로 쓰러졌다. 육 년의 투병생활은 온 가족의 희망을 앗아가 버렸다.

나날이 늘어가는 환자의 짜증은 엄마와 가족들을 아프게 했다. 요즈음 같은 의료시설이 없던 시절, 집에서 환자를 돌보는 일은 고통의 연속이었다. 엄마는 두통이 심해서 매일 '명랑' 을 먹으면서 환자를 보살폈다. 하지만 고생한 보람도 없이 젊은 나이에 남편을 선산에 묻었다. 그 후 여자 혼자 힘으로 팔 남매를 키웠다. 비록 고생스럽고 힘들었지만 사랑으로 길렀다. 아이들이 어른이 되고, 이제 옛이야기 하면서 편하게 지내도 좋으련만.

모진 세월 앞에 비뚤이 손가락은 그만 쉬고 싶었을까. 지난 섣달 그믐날 저녁 식사를 마치고, 아들과 며느리들이 즐거운 시간을 보내고 있는 사이 갑자기 뇌졸중으로 쓰러졌다.

설날 오후 아들과 며느리를 데리고 손자들의 외할머니께 세배를 갔다. 현관문을 막 들어서는데, 큰동생이 우리 아이들에게 "이번 설은 세배를 못 받는다. 할머니가 병원 중환자실에 계신다."라고 했다. 가슴이 철렁 내려앉았다.

면회시간에 맞춰 병실을 찾았다. 혼수상태로 누워 계신 어머니, 이제는 평소 어머니의 모습을 기대하기란 어렵다는 생각이 들었다. 아들과 주위에 사람들이 있었지만 체면을 차릴 수가 없었다. 등을 쓸어주는 아들 앞에서 나는 서럽게 흐느꼈다.

그 후 일주일이 지나도 엄마는 잠만 잔다. 시집살이 하느라 못 잔 잠을 보충하는 건지, 꿈속에서 아버지를 만나려고 그러는 건지 도무지 깨어날 줄을 모른다. 침대 옆에서 얼굴을 쓰다듬어도 보고, 팔과 다리를 주물러도 보았지만 반응이 없다. 엄마의 가슴을 더듬었다. 바짝 마른 가슴에는 젖무덤은 어디로 가고 축 늘어진 젖꼭지만이 겨우 손에 잡힌다. 어릴 적에 젖 먹던 때처럼 엄마의 가슴을 만지작거렸다. 혼수상태에서도 어린 자식에게 젖을 물리던 모성본능이 꿈틀거렸는지 어머니는 움찔했다.

몇 해 전 광우병으로 죽어가던 어미 소가 쓰러지면서도 송아지에게 젖을 먹이던 장면이 떠올랐다. 아기에게 젖을 먹이고 싶어서인지 엄마는 깊은 잠에서 깨어났다. 반가움에 안도의 한숨을 쉬었다. 눈을 뜨고 우리들을 둘러보고 아는 척을 했다. 하지만 말을 하지 못하고 소리만 겨우 내었다. 차츰 좋아질 거라는 희망을 가져본다. 며칠 후 일반 병실로 옮길 만큼 병세가 호전되었다.

그런 지가 벌써 두 달이 다 되어 간다. 엄마는 어제나 오늘이나 그저 눈만 떴다 감아버린다. 고단했던 삶을 이제는 쉬고 싶은지 핏기 잃은 손은 힘없이 놓여있다. 나는 비뚤이 손을 잡고 내 볼에도 대어보고, 손바닥을 간지럼도 태워본다. 그래도 비뚤이 손은 힘이 느껴지지 않는다. 가엾은 비뚤이 손을 차마 놓을 수가 없다.

못다 한 말

올해도 벚꽃은 흐드러지게 피었다. 아기 숨결 같은 작은 바람에도 꽃비가 내린다. 이런 날이면 화사한 벚꽃 그늘을 함께 거닐고 싶은 사람이 있다.

아버지 산소는 한설寒雪에도 늘 푸른 소나무의 호위를 받는다. 금잔디 위로 따사로운 햇볕이 봄소식을 전하건만 한 번 가시더니 영 무소식이다.

음력 2월은 바람 달이라고 한다. 사십여 년 전 그 날도 봄을 시샘하는 바람이 싸늘하게 불고 있었다. 아버지는 불편한 몸으로 운동을 다녀왔다. 나는 부엌에서 저녁밥을 짓고 있었다. 평소와 같이 아버지께 여쭈었다.

“이제 곧 봄이 오면 벚꽃놀이 가요, 아버지.”

나의 말에 아버지는 아무런 대답이 없었다. 순간 불길한 예감이 들었다. 방으로 뛰어 들어갔다. 아버지는 그동안 앓고 있던 뇌졸중이 재발한 것이다. 삼 일 동안을 말을 못 했다. 커다란 눈에 눈물이 그렁그렁해서는 ‘너희와 오래오래 같이 살고 싶다’고 눈으로 말하고 있었다. 벚꽃놀이 가자는 나의 말에 대답도 하지 않은 채, 벚꽃이 피기도 전에 영면하셨다, 지금 내 나이보다도 젊은 나이에. 얼마나 할 말이 많았을까.

아버지의 기일이다. 흐르는 세월 속에 헤어진 서러움이 이제 조금은 엷어졌다. 형제들은 모여서 생전의 아버지 모습을 떠올린다. 경제적으로 넉넉하지 못한 생활이었다. 하지만 우리 집은 저녁이면 가족들이 둘러앉아 웃음꽃이 피었다.

텔레비전도 없던 그 시절에 아버지의 구수한 옛날이야기는 우리들의 자랑거리였다. ‘오성과 한음’ 의 우정과 명나라 장군 이여송과의 이야기, 정인홍의 어린 시절 이야기 등. 이야기 좋아하다가 농사 폐농한다는 할머니의 걱정에도 아버지는 우리들에게 이야기 들려주는 것을 즐거워하셨다.

어느 날 밤이었다. 내가 배가 아파서 끙끙거리고 있었다. 아버지는 손으로 배를 쓸어 주고, 아픈 것이 가라앉을 때까지 업고 밤을 새웠다. 그 편안하고 든든하던 아버지의 등 허리의 감촉이 아직도 생생하다.

부모와 자식이란 무엇인가. 뼈와 살을 나눈 한몸이라는 생각이 든다. 부모는 자식을 한없는 사랑으로 어루만지고 보살핀다. 철없는 자식은 그것을 당연한 것으로 알고 받기만 했다. 이제 남의 부모가 되어 보니 그 마음을 조금은 알 것 같다.

제수를 차려 놓고 선친께 잔을 드린다. 우리에게 늘 하시던 말씀이 들리는 듯하다. '사람은 자기 분수를 알아야 한다. 남의 것을 탐내지 마라. 세상에는 거저 얻어지는 것은 아무것도 없다.' 우리 형제들이 나쁜 유혹에 빠질 것을 염려하여 항상 일러주시던 말씀이다. 지금도 나는 어려운 일이 있을 때면 이 말씀을 가슴에 새기면서 내가 잘못하지는 않는지 되돌아보게 된다.

아버지는 부모로서 나에게 평생의 교훈을 남기셨다. 하지만 나는 아이들에게 무슨 말을 했던가. 아침이면 아들에게서 '출근했습니다' 하는 문자가 온다. 이 한마디에 아들의 일상생활이 다 들어 있다. 그러면 나는 마음이 편안해져서 '그래 우리 아들 오늘도 수고해라' 답하는 문자를 보낸다. 나의 미거함이 아들에게 이 말밖에 할 줄 모른다. 마음으로는 할 말이 참 많은데 나는 말을 하지 못한다.

평소에 엄격하고 자상하신 아버지도 마지막으로 우리에게 하고 싶은 말이 많았을 것이다. 하지만 한마디도 못 하고 떠나셨다. 우리는 차마 떠나보낼 수 없어서 일 년간 빈소를 차렸다. 과연, 사람은 어디서 와서 어디로 가는가.

그해에도 무심한 벚꽃은 산소 가는 길에 화사하게 피어 있었다. 과년한 딸이 하얀 상복을 입고 벚꽃마중을 하게 될 줄은 아버지도 미처 몰랐으리라.

슬픔으로 맞이하던 벚꽃이 피고 지고 세월이 흘렀다. 이제는 아련한 그리움과 함께 환희의 꽃으로 바라볼 수 있기를 아버지도 바라지 않을까.

노을 뒤에는

노을이 참 곱다. 두류타워의 뾰족한 피뢰침에도, 저 멀리 와룡산 산등성이에도 노을빛은 어머니의 다홍 치맛자락처럼 감싸듯이 품어주는 아늑함이 있다.

사위는 점점 어둠에 묻히려 한다. 피뢰침의 끝도, 산등성이의 나무들도 이제는 그림자처럼 보인다. 날카로움도, 우둔함도 슬프도록 아름다운 조화로움에 더욱 편안하게 느껴진다.

아득히 먼 예전의 일이다. 세상의 고민은 혼자 다 안고 있는 듯이 우수에 젖은 얼굴로 저녁노을을 바라보며 하염없이 걸었다. 이제 어둠이 내리면 세상의 모든 것을 삼켜 버리고 암흑의 세계로 변할 것이다. 마치 나의 미래를 보는 듯했다. 이제까지는 직장을 다녀도 임시로 한다는 생각이 더욱 강했다. 아버지 사업이 잘되면 다시 학교로 돌아갈 것이라는 희망으로 견디고 있었다.

푸르른 꿈을 꾸던 어느 날, 아버지는 건축 사업이 부도가 나면서 급기야는 뇌졸중으로 쓰러졌다. 내 진학의 꿈은 산산이 부서지고 말았다. 아버지의 치료비와 대가족의 생계가 어깨를 짓누르고 있었다. 고개를 푹 숙이고 눈물을 삼키면서 걷는데, 노을빛에 물든 하얀 외씨버선에 분홍색 코고무신이 서럽도록 고왔다.

진학의 꿈을 완전히 접은 나에게는 새로운 돌파구가 필요했다. '60년대 당시에는 산업화의 바람이 불면서 청소년 일자리 만들기의 일환으로 복지회관에서 여러 가지 기술을 가르치기 시작했다. 나는 가장 적성에 맞는 동양자수를 배우기로 했다. 공단에 밑그림을 그리고 명주실로 생명을 불어넣는다. 화가들이 색칠을 하듯 나무둥치에 음양을 넣고 꽃잎에 솜으로 부피를 준 다음 수를 놓으니 하얀 목련이 피어났다. 목련이 한 송이씩 꽃을 피울 때마다 나의 희망도 부풀어 올랐다. 나의 첫 작품이 완성되는 날, 노을빛에 묻히려 했던 나의 미래가 어두운 밤을 지나 여명처럼 밝아왔다.

6개월의 과정을 마치고 시내 중심가의 수예점에서 일을 하게 되었다. 퇴근길에 건너 백화점에 진열되어 있는 병풍이며 가리개를 매일 보러 갔다. 언젠가는 나의 작품도 백화점에 진열하는 날이 오리라는 희망으로. 시대가 변하여 규방의 아가씨들이 혼수로 직접 수를 놓던 것을, 대신 해주는 작업이지만 나름대로 보람 있는 일이었다. 당시에는 시부모 예단으로 병풍과 보료를 마련하고, 신혼 방에는 가리개 하나쯤은 준비하는 사람들이 많았다. 정성으로 만들어진 나의 작품들이 어느 집 안방에서 귀한 대접을 받을 것을 생각하면 기뻤다. 바늘에 찔리고 앉아서 하는 작업이라 옆구리가 뒤틀리고 아프지만 즐거운 일이었다. 나의 손으로 조선백자가 모습을 드러내고, 사군자가 절개를 나타내고, 민속화가 수많은 이야기를 전해주고, 목단이 화려한 자태로 피어날 때 나에게는 새로운 미래가 보이기 시작했다.

노을은 어둠을 잉태하고 새벽을 낳는다. 칠흑 같은 어둠도 새벽이 오면 서서히 물러난다는 것을 깨우쳐 준 세월이 있었기에, 오늘 바라보는 노을이 이토록 아름답고 평온해 보이는 것이리라.

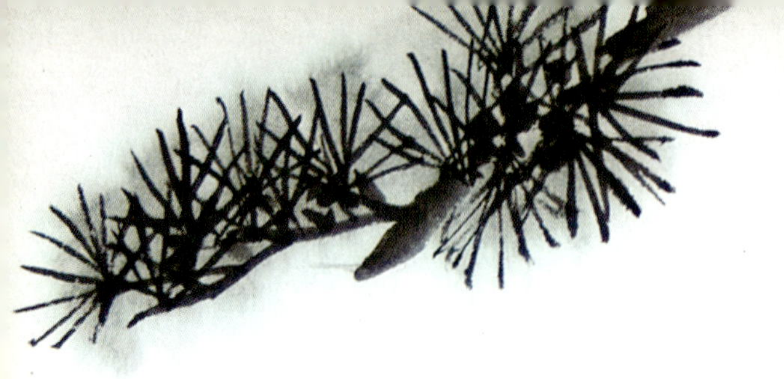

松鶴

蕙任堂

담쟁이

담쟁이는 그리움이다. 벽을 타고 올라가는 담쟁이처럼 그리움은 수직 상승하다가 좌우로 점점 넓혀간다. 그러다가 비가 오는 날이면 담쟁이 잎 끝에 뚝뚝 떨어지는 물방울같이, 가슴 속에 물방울 하나 뚝 떨어진다. 돌담을 덮고 있는 싱그러운 잎, 그 사이사이로 그리움은 켜켜이 쌓여 고개를 내민다.

문화의 거리로 바뀐 계단을 오른다. 이 모습이 아닌데, 낯선 풍경에 기억 저편의 소중한 것들이 아지랑이가 보이듯 아른거린다.

오월이면 연녹색의 잎들이 햇빛에 반짝였다. 다섯 살 꼬마에게는 온통 담벼락을 덮고 있는 담쟁이가 신기하기만 했다. 동산의료원과 선교사의 집을 이어주는 육교 밑 그늘에는 사주, 관상 보는 할아버지가 언제나 늘 그 자리에 앉아 있었다. 그 옆에서 이제나 올까 저제나 올까 큰장에 간 아버지와 어머니를 목을 빼고 기다렸다. 지금은 어디로 갔단 말인가. 담쟁이조차도 보이지 않고. 벽에는 사진들이 지난 시간들을 말해준다. 그때 그 골목 마당 깊은 집, 그곳에는 아파트가 우뚝 서서 나의 마음을 흔들어 놓는다. 달콤하고 고소한 냄새가 아직도 생생한 우리들의 보금자리는 이미 사라진 지 오래다.

좁은 골목을 따라가면 마당 깊은 집이 있었다. 판자로 된 대문을 들어서면, 흙으로 된 계단을 내려가야 마당에 이른다. 마루 밑에 부엌을 만들어 놓은 구조였다. 어머니는 허리를 굽히고 식사 준비를 하기에 무척 힘들어했다. 휴전이 되어 전쟁은 끝났지만 민초들의 생활은 한 끼 밥 해결하기도 어려운 시절이었다. 아버지는 노모와 처자들을 거느리고 고향을 떠나 새 보금자리를 마련했다. 생계를 위해 아버지는 빵을 구워서 큰시장에 도매로 팔았다. 우리들은 매일 저녁 부모님의 도란도란 다정한 이야기 소리와 빵 굽는 냄새를 맡으며 잠들었다.

지난 초여름 영면하신 어머니의 부재가 실감이 나지 않는다. 문득 전화기 저편에서 "집에 언제 올래?" 하는 소리가 들려올 것만 같다. 어머니 집 근처를 지날 때면 나도 모르게 어머니한테 들렀다 갈까 하는 생각이 순간 떠오르다. 가슴이 시려온다. 어머니가 너무 보고파서, 어머니의 냄새가 그리워서 찾아간 길이었다. 어머니의 모습도, 담쟁이 골목도 잡히지 않는 홀로그램의 영상이 되어 가슴속에만 선명하게 그려진다.

의료박물관이 된 선교사의 집에는 담쟁이가 하늘을 향해 올라간다. 다섯 살 꼬마가 본 그때 그 담쟁이가 아닐지라도 담쟁이 잎 사이사이에 추억이 서린다. 열 살짜리 언니가 커다란 물지게를 지고 계단을 끙끙거리며 올라오는 모습, 종종걸음으로 따라오던 꼬마, 곱게 물들인 무명치마저고리에 얌전한 비녀머리 우리 어머니.

벽을 허물고 잘 가꾸어진 마당에는 박태준의 '동무 생각' 이 비석에 새겨져 있다. 뭇 사람들의 가슴에 첫사랑의 아련한 추억을 떠올리며, 그리움에 젖게 하는 동무 생각은 세월이 흘러도 애잔한 여운을 남긴다. 그 속에서 울고 웃으며 아픔의 세월을 살았던 사람들은 어디서 어떻게 살고 있을까.

미국인 선교사의 집, 빨간 이층 벽돌집, 지금 보아도 현대식 건물로 손색이 없다. 그 옛날 우리의 초가집이나 판잣집과는 비교가 되지 않는 집이다. 그들이 바라보는 우리의 모습은 어떠했을까. 선교사의 집과 동산의료원을 이어주던 육교가 있었다. 그 위에서 눈이 커다랗고, 노란색의 약간 고수머리 서양 아이들이, 우리들을 내려다보며 무어라고 쫑알거렸었다. 그 아이들은 우리들을 어떻게 생각했을까. 담장 안의 그 애들과 우리는 대화를 할 수 없었다. 그 남자아이들은 그저 동화 속에 나오는 소년들처럼 느껴졌다. 빨간 이층집에서 그 아이가 창문을 열고 내다볼 것만 같다. 이름도 모르고 나이도 모르지만 이렇게 자취가 남아 있는데, 우리네 민초들이 살아온 흔적은 세월의 흐름 속에 사라져 버렸다. 아련한 기억속의 거리들이 그대로 있기를 바라면서 찾아온 길이다. 수십 년을 고이고이 간직해 오던 보물을 하루아침에 잃어버린 것 같은 안타까움이 밀려온다. 어머니의 가장 젊은 날을 비추어 볼 수 있는 유일한 곳이건만.

등나무 그늘에 하염없이 앉았다. 배롱나무로 시선이 간다. 무심한 배롱나무는 허전한 마음 따윈 아랑곳하지 않고 정열적으로 피었다. 그 화려함에 잠시 넋을 잃고 바라본다. 젊은 아이들이 깔깔거리며 배롱나무를 배경으로 사진을 찍는다. 그래, 시간은 이렇게 흘러가는 거다. 비록 모습은 이미 볼 수 없을지라도, 내 마음과 몸속에는 애잔한 어머니의 정이 흐른다.

은행 알

가을이 무르익어 간다. 샛노란 은행나무 잎 사이로 은행나무 열매들이 조롱조롱 탐스럽다. 주말농장을 마련했을 때 심은, 수령 이십여 년이 된 은행나무이다. 묘목일 때는 가느다란 것이 시답잖게 여겨졌었다. 하지만 이제는 튼실한 은행나무가 되어 우리에게 사계절의 낭만과 맛 좋고 영양가 있는 은행 알을 제공한다.

금년에도 은행나무 열매를 수확하였다. 자기 보호를 위해 풍기는 냄새는 기가 막히다. 자루에 담아 골짜기의 작은 도랑물에 넣어 두고 껍질이 삭을 때까지 기다린다. 몇 주가 지나자 은행은 완전히 삭아서 겉껍질이 시커멓게 되었다. 장화 신은 발로 질겅질겅 밟으며 껍질들을 물에 흘려보낸다. 장화 발에 밟혀 짓뭉개지는 은행들을 보면서 지난했던 내 삶의 아픈 기억들이 되살아난다.

육십 년대의 우리나라 경제는 전쟁의 폐허 속에서 떨치고 일어서려던 때이다. 내남없이 먹고사는 문제도 해결이 안 되는 어려운 시절이었다. 그런 가운데서도 건축 붐이 일어났다. 아버지도 거기에 희망을 걸었다. 하지만 생각대로 되지 않는 게 사람살이인가 보다. 아버지의 사업은 실패의 연속이었다. 처음 사업에 실패했을 때, 우리 가족은 어느 날 갑자기 오칸 기와집에서 다 쓰러져 가는 흥부네 말집 같은 오막살이로 이사를 했다. 철없는 막내는 낯설고 초라한 집이 무섭다고 우리 집에 가자고 울어댔다. 실패를 만회하려고 하면 할수록 더욱 어려운 지경에 이르렀다.

거듭되는 사업 실패의 충격에 아버지는 뇌졸중으로 쓰러졌다. 그 때 내 나이 꽃다운 십구 세였다. 푸르렀던 꿈은 날아가고 고통의 나날이 시작되었다. 그 와중에 외할머니께서 함께 지내게 되었다. 비좁은 집에 편찮으신 아버지와 외할머니 그리고 결혼한 언니를 제외한 우리 칠남매, 그 초라한 모습을 떠올리면 지금도 가슴이 미어진다. 어머니의 하루하루는 지옥이었을 것이다. 두통이 심해 매일 명랑이란 약을 드시는 것을 보았다.

자루 속의 내용물들을 커다란 고무 통에 넣고, 물이 흘러넘치게 한다. 곰삭은 껍질을 걸러내는 동안 점점 예쁜 은행알들이 모습을 드러낸다. 흐르는 물속에 잠긴 은행 알들은 마치 사금을 채취하는 듯하다. 은행나무 열매는 자신을 보호하기 위해 겉껍질을 튼튼하게 싸고, 그것도 모자라 지독한 냄새로 몸을 감싸고 있다. 겉껍질은 마침내는 썩어서 사라지지만 단단한 속껍질이 부드러운 속살을 보호한다.

시커멓게 삭고 또 삭은 껍질들은 도랑물을 온통 흐려놓고 떠내려간다. 흐르는 물의 자정능력 때문일까, 흐렸던 마음이 점점 정화가 되어 간다.

불현듯 어저께 라디오에서 들려오던 아나운서의 부드럽고도 힘 있는 말이 생각난다. '약점을 부끄러워하지 않는 것이 자존감을 지키는 것' 이다. 마치 나를 위로하는 말인 것 같다. 가슴에 쌓인 응어리들이 스르르 풀리는 것을 느낀다. 세상에는 약점 없는 사람이 어디 있겠는가. 자신의 약점을 깨닫고 노력하면 더 강인한 사람이 되지 않을까. 못나고 보잘것없었던 현상들을 부끄러워하지 않으리라. 어제의 약점이 세상살이의 자양분이 되어 오늘의 삶을 이끌어간다는 생각이 든다.

곰삭고 있는 부끄러움들을 하나하나 끄집어내어 은행나무 열매 껍질과 함께 흘려보낸다. 맑게 정화되는 물속에 이미 저세상 사람이 된 외할머니, 아버지, 어머니 그리고 나의 의연한 형제들의 웃는 모습이 얼비친다. 모습을 드러내는 말간 은행알처럼.

겨울 방학 아르바이트

개학하는 날 아침 하늘은 맑고 상쾌하다. 그동안 친구들이 보고 싶어 편지도 써 보고, 기다리고 기다리던 개학이다. 한달음에 학교로 달려갔다. 재잘거리는 아이들 속에서 친구를 찾았다. 우리는 서로의 이름을 부르며, 손을 마주 잡고 폴짝폴짝 뛰면서 몇 바퀴를 돌았다. 한 달이라는 시간은 우리에게는 너무나 길게 느껴졌다.

육학년 초등학교 마지막 겨울 방학, 나에게는 새로운 경험이었다. 학교라는 울타리에서 칭찬과 격려로, 자랑과 긍지로 가슴을 활짝 펴고 누구보다 멋지게 학교생활을 했었다. 방학 동안에 옷을 만드는 곳에 '시다' 라는 이름으로 언니를 따라갔다.

언니는 그곳에서 '아이롱' 이라는 이름으로 불렸다. 자신의 이름은 없고 하고 있는 일이 곧 이름이었다. '시다' 는 옷을 잘 만들도록 짝을 맞추어 주고 일을 거들어 주는 것이고, '아이롱' 은 다리미로 박음질할 곳을 접어주고 다려주는 일이었다. 시다와 아이롱이 만들어 주는 것을 '상침' 이 재봉틀로 마무리하면 옷이 만들어진다. '시다' 도 상하 두 명이 있었다. 나는 완전 초보로, 심부름을 하였다.

4인 1조가 되어 한 팀을 이루어서 일을 하는데, 그곳에서 언니의 아프고 고달픈 생활을 보게 되었다. 한 사람이라도 실수를 하면 옷이 제대로 만들어지지 않는다. 특히 언니의 역할이 컸다. 보조해 주는 사람이 주머니 내는 자리에 가위질을 조금만 잘못해도 다리미로 마무리하기가 정말 어렵다.

보조하는 이가 자꾸만 실수를 했다. 언니는 속상하고 힘들어 눈물을 흘리면서도 말끔하게 처리하곤 했다. 하루 온종일 다리미판 앞에서 무쇠 덩어리 다리미를 들고 옷 형틀을 잡아 주는 언니가 가엾고 안쓰러웠다. 겨울에는 장사가 잘되는 철이라 저녁을 먹고 야간작업까지 하고 집에 돌아오면 몸은 천근의 무게를 더한다. 언니는 이런 생활을 벌써 몇 년을 하고 있었다.

방학이 끝나 갈 무렵, 낯설고 무섭게만 느껴지던 사람들과 친하게 되었다. 학생이라는 신분과 중학교 시험을 잘 치르고 입학을 기다리는 아이라는 것만으로도 사람들은 다정하게 대해 주었다. 학교라는 울타리는 모든 사람들의 선망의 대상이었다. 나는 방학을 맞아 일찍부터 어렴풋이 인생을 배우고 있었다.

2

달팽이 여정

마음밭 가꾸기

서예의 매력에 빠져들었다. 불혹의 나이를 맞이하면서부터이다.

품 안의 자식도 둥지를 떠나가고, 잠 못 이루는 밤이 수를 더해갔다. 그러던 어느 날 지인으로부터 서예전시회 초청을 받았다. 전시장을 들어서는 순간, 흑과 백의 만남에서 풍기는 묘한 활력과 그 속에 담겨 있는 풍류가 가슴을 뛰게 했다.

힘이 종이를 뚫을 것 같은 해서체와 흐르는 듯 강하게 휘감아 도는 행 · 초서와 아름다운 우리 한글, 댓잎에 바람마저 '쏴아' 느끼게 하는 문인화, 엄숙하고도 세련된 분위기를 잊을 수가 없었다.

狂奔疊石吼重巒
人語難分咫尺間
常恐是非聲到耳
故敎流水盡籠山

錄孤雲先生詩一首
慕任堂朴潤孝

최치원 선생 시 / 가야산 독서당 첩첩 바위 사이를 미친 듯 달려 겹겹 봉우리 올리니/ 지척에서 하는 말소리도 분간키 어려워라./ 늘 시비하는 소리 귀에 들릴세라/ 짐짓 흐르는 물로 온산을 둘러 버렸다네.

늦은 나이지만 조심스럽게 서예학원의 문을 두드리는 용기를 냈다. 매일 버스를 두 번씩 갈아타고 가는 수고로움도 기쁘게 생각하고, 기초부터 배우기 시작했다. 가로 획, 세로 획 긋는 것부터 시작하여 먹의 농도 맞추기, 붓 다듬기, 중봉으로 글씨 쓰기, 화선지 다루는 법, 그 흥미로움에 세월 가는 것도 잊었다.

해서를 팔 년을 쓰고 나니 이제는 붓 가는 길을 조금은 깨치게 되었다. 하여 행 · 초서에 도전을 했다. 또박또박 쓰는 해서에 습관이 되어 부드럽게 쓴다는 것이 마음대로 되지 않는다. 하얀 화선지가 검은 화선지가 되도록, 쓰고 또 쓰는 사이 이십 년이란 세월이 흘렀다.

갑년을 지나고 보니 매사에 흥미를 잃어 우울감이 심해졌다. 마음밭의 띠 풀이 자라고 있음이다. 그때 용기를 내어 고운 최치원 선생의 시 '가야산독서당' 을 행 · 초서로 쓰기 시작했다. 이 시는 선생께서 가야산에 칩거할 당시 읊은 것으로 선생의 심중을 엿볼 수 있다. 한 구절 한 구절 읊으면서 심상心想으로 가야산을 무수히 오르내린다.

눈을 지그시 감았다. 남편과 가야산 등반을 했을 때였다. 산 정상에서 내려다보던 첩첩한 봉우리와 울창한 숲, 상쾌한 바람과 향기로운 솔 냄새. 그 싱그러움 속에 한 그림자가 보인다. 가야산 봉우리에 옥빛 도포자락을 휘날리며 선생이 고고히 서 있다. '광분첩석후중만' 낭낭하게 읊조리는 선생의 옥음은 요란한 물줄기에 섞이어 끊어질 듯 이어지며 공중으로 흩어진다. 세상사 시비하는 소리 멀리하고 자연을 벗 삼아 유유자적 하는 모습이 사람의 심금을 울린다. 시를 음미해 보며 익히는 동안 마음밭의 띠 풀이 제거가 되는 듯 정신이 훨씬 맑아졌다.

붓을 들고 글을 쓰자니 선생의 감흥을 나타내기는 차치하고라도 자형字形을 비슷하게 쓰기도 어렵다. 선생의 마음이 담긴 스물여덟 자 한 구절씩 그림을 그리듯이 붓 끝을 가다듬었다. 가볍게 시작하다 힘차게 눌러서 끝내기도 하고, 끊어질 듯 이어지게 휘감아 돌리기도 하며, 물 수자는 물이 흐르는 듯 뫼 산은 우뚝한 산처럼 힘차게 쓰려고 한다. 과하게 곧지도 않고 부드럽게 표현하기가 정말 어렵다. 이렇게 자획을 익히는 동안 태고의 외로움이나 슬픔은 조금씩 즐거움으로 바뀌어 갔다.

벼루에 작은 원을 그리며 먹을 간다. 물과 먹의 만남은 청정수와 검은 송연의 결합이다. 맑고 부드러운 물과 딱딱하고 검은 송연이 만나 서서히 하나가 되어간다. 검되 탁하지 않고 신비감마저 감돌며 묵향을 날린다.

화선지를 펼치고 쓰기 시작한다. 주위는 고요하여 숨소리마저도 크게 들린다. '광분첩석' 은 활기차게 물이 흐르듯이 쓰려고 마음은 욕심을 내고 있다. 하지만 쓰고 보면 움츠리고 머뭇거리며 부자연스럽다. 부드러운 붓털 한 가닥이 나타내는 이미지는 쓸 때마다 다른 분위기를 자아낸다. 싸아악, 싸아악 화선지에 붓이 스치는 소리만이 적막을 깬다. 한 장, 두 장……, 준비한 작품지는 바닥을 보이는데 운필은 마음대로 되지 않는다.

밭고랑의 잡초를 뽑는 일만큼이나 힘든 작업이다. 그러나 글 속에서의 교감은 잊을 수 없다. 중국의 명필 왕 희지는 '난정기' 에서 오늘의 흥감을 후세 사람들도 느낄 것이라 하였다. 몇 세대를 뛰어넘어 선생이 즐기던 가야산을 느끼고 감상한 것만으로도 우울감은 날아가고 활기를 찾는다.

글씨 쓰는 사람들은 서예를 '심전경작心田耕作' 이라 한다. 서예로 마음밭을 가꾸려고 나는 오늘도 붓을 든다.

생의 즐거움이란

배움에는 끝이 없다. 갓 태어나 옹알이부터 시작하여 스스로 일어나 걷기까지 본능적으로 살아가는 방법을 체득한다. 서서히 지적능력이 발달하면서부터는 주위 환경의 영향을 받아 천차만별의 층이 생겨난다.

사람에게는 이상심리가 있나 보다. 학업을 이어갈 여건이 되면 공부하기를 싫어하는 경향이 있고, 학업을 계속할 수 없게 되면 더욱 하고 싶어 하는 마음이 간절해진다.

남들은 캠퍼스에서 청춘을 노래할 때 나는 생활전선에서 고뇌의 밤을 보내야만 했다. 마음의 공허함을 채울 길이 없어 방황하다가 한자 공부를 시작했다. 처음 천자문을 하늘 천에서 이끼 야까지 거의 매일 썼다. 한 번 쓰는 데 세 시간 반은 넘게 걸렸다. 이렇게 익힌 천자문을 바탕으로 한문에 눈을 돌리게 되었다. 한 구절씩 익히는 동안 한문의 매력에 점점 빠져들었다. 미련하여 그 심오한 뜻을 깨치기에는 너무나도 부족하다. 하지만 지금까지도 서책을 놓을 수가 없다.

논어의 학이편에 나오는 "학이시습지면 불역열호아"學而時習之 不亦說乎－배우고 때때로 익히면 또한 기쁘지 않으랴. 이 글귀는 나의 인생에 즐거움이 무엇인지를 가르쳐주었다. '공자의 인생삼락' 가운데 으뜸으로 생각했으니 감히 본받을 만하지 않을까 생각해 본다. 또 공자께서 말씀하시길 "아침에 도를 들으면 저녁에 죽어도 좋다" 했으니 배우고 깨우치는 기쁨이 얼마나 큰지를 충분히 짐작하고도 남겠다. 한자를 잘 몰라서 더듬거리며 한문을 읽고 또 읽는다. 그림자처럼 그 뜻이 어렴풋이 가슴으로 느껴질 때의 희열은 유명한 음악가의 클래식 연주를 듣고 전해지는 감동과 울림만큼이나 설레고 두근거린다. 이러한 기쁨 가운데 또 하나의 즐거움이 늘었다. 오늘, 드디어 바람을 그렸다.

서예를 하다 보면 문인화를 그리고 싶은 욕망이 일어난다. 사군자의 梅, 蘭, 菊, 竹 중에 대원군이 즐기던 날카로운 난을 치고 싶기도 하고, 설중매의 매화를 그리고도 싶다. '내 누님 같은 꽃' 국화를 그리고도 싶지만, 우선 시가媤家의 선대 어른이신 죽정 선생이 즐겨 심고 그리던 竹을 그리기로 했다. 줄기와 가느다란 대를 그리는데, 쉬운 일이 아니었다. 서예를 오래 했으니 금방 작품을 완성할 수 있을 줄 믿었다. 그것은 나의 오만이었다. 무언가 새로운 것을 할 때면 기초부터 제대로 배워야 한다는 것을 절실히 깨달았다.

그려놓고 보니 댓잎이 미꾸라지처럼 구불거렸다. 이것은 아니다 싶어 겨우 시간을 내어 정식으로 기초를 익혔다. 대나무의 음양을 그려서 입체감을 살리고, 잔가지를 조화롭게 배치하여 운치를 더해 준다. 마지막으로 댓잎을 그리는데, 조화를 이루기가 정말 어렵다. 시골에서 대나무를 사진으로 담아 와서 관찰해 보기도 하였다.

이렇게 배우기를 일 년이 지났다. 마침내 화선지에 바람이 일어난다. 대나무에도, 댓잎에도 시원한 바람이 분다. 벽에다 걸어놓고 바람을 느낀다. 입가에 미소가 저절로 지어진다. 솨~아 하는 댓잎 스치는 소리라도 나는 양 즐거워한다.

때마침 중학생 아이가 학원 문을 열고 들어선다. 수업을 시작하려는 아이에게 쑥스러운 것도 잊은 채 들떠서 말했다. "얘 댓잎에 바람이 느껴지지 않니?" "네 선생님 바람이 느껴져요" 하며 아이가 박수를 친다. 그제서야 정신을 차리고 민망해졌다, 주책없이 어린 아이에게…….

배운다는 즐거움은 물아일체가 되어 자신을 잊어버리게 만든다. 또한 동심으로 돌아가게도 한다. 화선지 위에 부는 바람이 신기하기만 하다. 명작이 아니어도 좋다. 좀 부족하면 어떠랴. 바람에 가지와 잎을 맡기고 의연한 자태를 보이는 풍죽風竹을 흡족한 마음으로 바라본다. 유난히 대나무를 아끼고 가꾸었다는 죽정 선생의 고고한 마음을 느낄 수 있을 것도 같다.

풍죽을 바라보노라니 선생의 문집에 실려 있는 풍류가 만 분의 일이라도 가슴에 스며드는 것 같은 착각 속에 전율이 느껴진다. 다른 사람들이 나의 이런 모습을 본다면 꿈도 야무지다며 비웃을 법도 하다. 미숙한 그림 한 점을 놓고 이렇게 자족하다니, 우스운 일이다. 그러나 또 다른 즐거움이 있다 하여도 나는 바꾸지 않으리라.

어떤 분야를 공부하더라도 즐거움이 없이는 불가능한 일이라는 생각이 든다. 성현들의 말씀 가운데 '공자의 인생삼락' '맹자의 군자삼락'은 후세 사람들에게 널리 회자되고 있다. 일개 평범하고 미거한 나에게는 배우는 기쁨 한 가지만으로도 충분히 즐거운 삶이 되리라. 배움의 기쁨은 세월을 뛰어넘어 영원으로 이어져, 감흥을 일으키는 학이지정學而之情이라고나 할까.

오늘도 여전히 풍죽을 그리기에 골몰하고 있다.

風竹高節
戊戌蕉任堂

모명재

오늘은 모명재 가는 날이다. 배운다는 기쁨으로 무기력해지는 내 마음을 일으켜 세우는 유일한 날이기도 하다. 책 속에 길이 있다는 말이 허언은 아닌가 보다, 도저히 벗어날 수 없을 것 같았던 상실감에서 빠져나올 수 있게 하는 것을 보면.

임진왜란 때 명나라의 이여송 장군이 지원군으로 왔다. 그때 풍수의 전략가로 알려진 두사충 장군도 같이 오게 되었다. 그는 우리나라에 귀화해서 살았다. 후에 그의 후손들이 사당을 짓고 이름을 '모명재慕明齋' 라 하였다. 사당은 도심 속에 있으되, 그곳에서 읽는 글은 천 년의 세월을 넘나드는 매개체로서 손색이 없다.

대문을 들어서면 양옆으로 수문장처럼 은행나무가 서 있고, 그 옆에 살구나무와 모과나무가 심어져 있다. 철 따라 번갈아 꽃이 피고 열매 맺어 계절의 무쌍함을 알려준다.

내가 모명재의 일원이 된 지도 팔 년이라는 세월이 흘렀다. 처음 모명재 가던 날은 초여름 비가 추적추적 내렸다. 당뇨로 십오 년 동안 고생하시던 시어머니가 돌아가시고 난 뒤였다. 매일 아침 인슐린 주사를 놓고 보살피는 것이 이미 나의 일상이 되었다. 시어머니가 떠나시고 나니 갑자기 할 일이 없어진 것 같은 허전함으로 수렁에서 벗어나지 못하고 공황상태에 머물렀다. 이런 나에게 친구는 위안 삼아 모명재에 나와 공부를 해볼 것을 권했다.

그곳은 현대 도시 생활과 너무나 다른 광경이었다. 선생과 제자가 모두 칠순을 넘는 어르신들이었다. 수업을 시작할 때는 남녀 불문하고 큰절을 한다. 모든 것이 낯설었지만 차츰 익숙해졌다. 책 속에서 옛 성현을 만나고, 어르신들의 생활 철학을 들으면서 마음은 서서히 치유가 되었다. 공부에 대한 열정도 생기기 시작했다.

한문과의 인연은 이보다 훨씬 전으로 거슬러 올라간다. 나는 유년 시절 책읽기를 좋아하여 학교 도서관에서 거의 매일 책을 빌려 읽었다. 동화책에서부터 위인전, 탐험가들의 생생한 이야기, 세계명작, 역사소설까지, 공부하라는 엄마의 말은 못 들은 척, 몰래몰래 숨어서 읽곤 했다.

한번은 역사소설 내용 가운데 이해가 되지 않는 한문 구절이 있었다. '有朋유붕이 自遠訪來자원방래하니 不亦樂乎불역락호' 라. 잊으려 해도 잊히지 않고 머릿속에서 맴돌아 잠을 이룰 수가 없었다. 종이쪽지에다 적어 두었다가 방학이 되어 고모네 집에 갔을 때 한학자이신 고모부께 여쭤보았다. '벗이 멀리서 찾아오니 이 또한 즐겁지 아니한가.' 요즘 곰곰 생각해 보면 모명재를 두고 한 말이 아닌가 싶다.

모명재에서의 글공부는 점점 흥미를 더해 갔다. 여러 서책 가운데 마음 치유에 가장 도움이 되었던 것은 『예기禮記』였다. 예기의 내용들은 요즘 시대에 맞지도 않고 절차를 따라 하기에는 문제가 많다. 하지만 그 근본 뜻을 생각해 보면, 상례에서 왜 그렇게 시일을 두고 까다로운 절차를 치르는지 이해가 된다.

시어머니를 떠나보내면서 느꼈다. 현대식 상례 절차는 남은 사람들의 마음을 다스리기에는 너무나 짧은 시간이다. 바쁘다는 이유로 단 며칠 만에 모든 절차가 끝나 버리고 일상으로 돌아간다는 것이 너무나 가슴 아픈 일이다.

옛 성현들은 망자와 살아남은 자들을 위하여 여러 가지 예의 범절이 필요하다고 생각했던 것으로 느껴진다.

요즈음은 『통감절요』를 읽고 있다. 통감절요는 중국의 옛 왕조와 영웅들을 서술한 책이다. 조선 시대 우리의 선비들은 이 책을 읽고 내용은 물론이고 깊이 깨우쳐서 과거시험을 볼 때 자신의 뜻을 나타냈다고 한다. 하지만 나는 아직은 잘 알지도 못하겠고 자전에서 글자를 찾아보기도 바쁘다. 모르는 글자를 찾을라치면 그 답답함은 모래사막 가운데서 보옥을 찾는 것 같은 막막함이 있다. 그러나 여러 어르신들의 해석과 재미난 이야기를 들으면 내가 역사 속으로 들어온 듯 신이 난다.

유년 시절 만화 삼국지를 읽고, 영웅들을 흠모하였었다. 이십 대에는 『삼국지연의』를 읽고 푸른 꿈도 가져 보았다. 그러다 나이 들어 이문열의 『삼국지』를 읽고 인생의 덧없음이 느껴져 왔다. 이제 다시 『통감절요』에서 삼국지의 인물들을 만나니 이야기 속에서 만나던 것과는 다른, 한 시대를 이끌어 온 영웅들의 목소리를 생생하게 들을 수 있어 즐겁다. 한 어르신은 제갈량의 '출사표' 를 낭랑한 목소리로 처음부터 끝까지 다 외우는 암기력을 보여주기도 한다. 왕희지의 '난정기' 를 낭송할 때는 천 년이 지난 우리에게도 興盡悲來흥진비래의 감흥이 전해져

오는 듯하여 잊을 수가 없다

고서를 공부하는 것은 자칫 시대에 뒤떨어진다고 볼 수도 있겠으나, 오늘의 문명이 어찌 옛것을 모르고서야 이루어질 수 있었겠는가. 늦게나마 고서를 배우면서, 한 글자 한 구절이라도 들음으로써 마음을 정화시키고, 익히는 즐거움이 나를 모명재로 이끈다. 부지런히 공부하다 보면 태어나고, 살고, 가는 것에 대해 지금보다 담담히 받아들일 수 있지 않을까.

모명재와 고서는 시어머니가 주신 마지막 선물인 것 같다.

종이 한 장

서재 겸 사무실로 쓰는 방을 정리한다. 강산이 한 번 바뀔 동안 쌓인 짐들이 한 트럭은 될 듯하다. '선생님' 이란 호칭이 쑥스럽기만 하던 것이, 제 자리인 양 쌓여가는 물건 만큼이나 익숙해졌다. 책상을 학원 문과 정면으로 보이게 배치했다. 분위기가 훨씬 좋아 보인다.

십여 년 전, 인생의 전환점에 서게 되었다. 한 가정주부에서 무언가 사회에 봉사하는 선생님으로 거듭나고 싶었다. 교육청에 등록할 서류가 여러 가지 필요했다. 그 중에 제일 중요한 것이 자격요건이었다. 방송통신대학교 정문에 서서 한참을 서성거렸다. 위축되고 자신이 없었다. 자동 출력기 앞에 섰다. 가슴이 두근거린다. 조심스럽게 이름과 전공학과와 학번을 눌렀다. 시원스럽게 종이 한 장이 나왔다. '학위 증명서' 눈물이 왈칵 쏟아지려 한다. 떨리는 손으로 가슴에 안고 읽고 또 읽었다. 이제 교육청에 제출할 서류를 다 갖추었다. 스스로 의미 있는 일을 할 수 있다는 것에 감격하여, 남편에게 넙죽 절이라도 하고 싶은 심정이었다. 이 종이 한 장의 소중함을 되새겨본다.

남들처럼 학창시절을 보내지 못한 서러움은 가슴 밑바닥에서 사라지지 않았다. 아들의 학업이 올라갈수록 못난 부모가 될까 봐 두려웠다. 그동안 사업하는 남편을 내조하면서 손에서 책을 놓아 본 적이 없다. 크나큰 결심을 하고 대입시험을 위해 교육청에 체력장 원서를 냈다. 남편에게 보여줬더니 한숨만 쉬었다. 남편의 사업은 작은 업체라 경리일을 도와줘야 했다. 또 아이들 뒷바라지며 시어머니 병수발 등 역할이 많아 나를 위한 시간을 가지기는 무리였다. 고심 끝에 내린 결론이 방송통신대학교였다. 스스로 공부하고, 출석 일수도 적고, 등록금도 저렴하다.

하버드서원으로 원서상담을 받으러 갔다. 만학도가 많은지 인기학과는 불합격 할 수도 있다고 한다. 안전하게 국어국문학과에 원서를 냈다.

겨울 끝자락 봄을 재촉하는 비가 보슬보슬 내리고 있었다. 만물을 소생시키는 단비와 함께 합격통지서가 날아왔다. 반가움에 하루 종일 눈물을 질금거렸다. 왕언니라 불리며 대학생활을 시작했다. 고 2학년 큰아들에 중 3학년 작은아들, 그리고 나까지 남편의 어깨는 더욱 무거워졌다. 온 가족이 열심히 공부하는 모습에 언제나 흐뭇해하는 남편이 초인처럼 느껴졌다. 안사람이 공부하려고 하면 허락은 고사하고 면전에서 타박을 당할 수도 있는 일이었다. 그러나 남편은 정규대학을 보내지 못하는 것을 미안해했다. 얼마나 고마운 일인가. 기대에 저버리지 않으려고 학점관리에 충실했다. 가끔씩 출석수업을 하는 날이면 학교까지 등교를 시켜주는 남편이었다. 명실공히 나의 후견인이 되었다.

가정주부가 학업을 마치기란 참으로 쉬운 일이 아니었다. 친정 팔남매 시집 팔남매, 양가의 둘째라는 위치는 하루도 평온한 날이 없었다. 중간고사, 기말고사 등등 중요한 시험이 다가올라치면 예기치 않던 크고 작은 일들이 발생했다. 밤새워 공부했지만 형제들의 일 처리가 우선이었다. 그러다 보면 시험시간에 맞춰서 가기란 쉬운 일이 아니었다. 시험을 포기하려 하면 그때마다 남편이 "어렵게 시작한 일일수록 포기하지 마라.

나중에 후회가 더 큰 법이다.” 한마디 충고를 아끼지 않았다. 그러고는 협력학교인 K대학교 시험장까지 데려다 주곤 했다. 이러기를 팔 년이란 세월이 흘렀다. 사 년제 대학이지만, 만학이라는 단점과 주부라는 입장을 저버릴 수 없는 처지여서, 영어학점 이수와 논문 쓰기에 많은 시간이 소요되었다. 처음의 마음으로 끝까지 후원을 아끼지 않은 남편이었다. 남편은 배움에 목말라 하던 내 인생의 맑은 샘물 같은 반려자요, 나의 키다리 아저씨이다.

‘한문학원교습소’는 자격지심으로 우울한 나날을 보내던 나에게 자존감을 가지게 하는 계기가 되었다. 스스로 ‘아정我庭’이라는 호를 지었다. 나의 뜰에서 묘목을 키우듯 아이들을 기르고 싶은 꿈을 꾸게 되었다. 하지만 주위 사람들의 시선은 따가웠다. 언감생심 학원 선생님이라니, 닥터설비나 하는 주제에. 백안시 하는 사람들의 인식을 바꿀 수 있을까. 살얼음판을 걷듯이 조심조심 한 발짝씩 나아갔다. 앞쪽 벽에는 커다란 칠판을 설치하고, 뒤쪽 벽 전면에 천자문을 붓글씨로 정성을 다하여 써서 붙였다. 제법 교실 같은 분위기가 풍긴다.

처음 학부형이 상담을 하던 날, 마음은 무척 떨고 있었다. 다행히 아이를 보내겠다고 한다. 선생님이라 불러 줄 유일한 학생이 생겼다. 가슴이 뛴다. 꿈같은 현실이다. 어느덧 한 명이 스무 명이 되고, 학원 수업은 무르익어 갔다.

십여 년의 세월이 흐르는 동안 매일 쓰고 읽기를 학생들보다 더욱 열심히 한다. 학생들을 지도하는 사자소학에 부모님의 은혜에 대한 마지막 구절이 있다. '욕보심은 호천망극欲報深恩 昊天罔極-깊은 은혜를 갚고자 한다면 하늘처럼 다함이 없다.' 라는 내용이 나온다. 남편이 베푼 은혜가 이보다 못하지 않다는 생각에 이른다. 눈에 보이는 물질적인 것만이 은혜의 전부가 아닐 것이다. 남편의 마음 깊은 곳에는 인간애가 자리하고 있었으리라. 인간애의 근본은 효에서 비롯되는 것이니, 학생들 마음에 조그마한 효의 싹을 심어주는 것이 은혜에 보답하는 길이 될는지…….

말끔하게 정리된 책상 앞에 앉아서, 학생들의 수업하는 모습을 흐뭇하게 바라본다. 종이 한 장의 값어치를 가슴 깊이 생각하면서.

我后夕惕雖休弗休
居崇茅宇樂不般遊
黃屋非貴天下為憂
人玩其華我取其實

己卯仲春之節 慕任堂朴潤孝

구양순의 구성궁 예천명 일부

귀아歸兒

붓을 씻고 있다. 어제 저녁부터 물에 담가 두었다가 천천히 먹을 빼주었다. 새까맣게 짙었던 먹물이 점점 옅어지더니, 마침내는 맑은 물이 나온다. 붓털이 회색으로 변하면서 본연의 매끈하고 날렵한 자태가 되었다. 대야 물에 붓을 빙빙 돌리고 헹구어 내면서, 나도 저처럼 돌아갈 수 있을까 깊은 생각에 잠긴다.

십여 년을 하루 같이 체본體本을 써 주는 붓이다. 무심코 사용하는 동안 붓이 저리도 굵어졌다. 글을 쓸 때마다 조금씩 먹이 쌓여서 제대로 운필이 되지 않는다. 매일 물에 씻어 주었는데도 종유석처럼 굳어지는 것을 눈치채지 못했다. 밑둥에 있는 먹이 빠지지 않아 흉하게 생겼다.

지금 내 모습은 어떠한가. 주름진 얼굴, 절구통이 되어가는 몸매, 온전치 못해 뒤뚱뒤뚱 오리걸음을 해야 하는 무릎 관절, 그야말로 가관이다. 몸이 이러한데 마음의 형상은 또 얼마나 일그러졌을까.

원래는 이런 모습이 아니었다. 세월의 두께만큼이나 내 모습도 이런 몰골이 되었다. 십여 년 사용한 붓을 하룻밤을 물에 담가 먹을 녹여 내었는데, 나의 모진 세월은 얼마나 녹여 내야 씻어질까. 덕지덕지 묻어서 굳어진 관념들을, 이루지 못한 한을 이제는 하나씩 풀어내고 싶다.

유년 시절, 성냥팔이 소녀와 사촌쯤 되는 생활환경에서 나는 자랐다. 나풀거리는 하늘빛 원피스는 꿈에서조차 생각할 수 없는 초라한 모습이었다. 부끄러워 남들 앞에 나서지 못하는 못난이 바보였다. 환경이 이러한 것도 억울한데, 남자였다면 가질 수 있는 기회를 포기해야만 하는 아픔이 눌렀다. 피해의식에 사로잡힌 생각들이 순백의 붓털에 쌓이는 먹물처럼 달라붙어서 굳어졌다. 나만이 열악한 환경의 피해자가 아니라는 것을 너무도 늦게 깨달았다. 올망졸망 팔남매가 자라면서 누가 누구를 원망할 수 있겠는가. 서로가 서로에게 짐이고 희망이었던 세월을 이제는 녹여내고 싶다.

현재는 고학력 시대, 나는 진학의 기회를 잃어버리고 만학도가 되었다. '갈매기 조나단' 을 꿈꾸며, 열등감을 이기려고 안간힘을 쓴 고달프고 외로웠던 길. 자존감은 위축되어 마음에 켜켜이 쌓였다. 운필이 제대로 되지 않는 붓처럼, 아름다운 깃털을 펴지 못하는 이 마음을 풀어내어 맑은 물이 나오도록 씻어내고 싶다. 따뜻한 밥 한 그릇, 양말 한 켤레에도 감사하고 고마워하며 눈시울이 붉어지던 순수한 아이가, 모진 세월을 살아오는 동안 받은 상처로 가슴앓이를 한다. 붓이 시커멓게 굳어서 배가 불룩하니 나와 궁서체의 아름다운 획을 살리지 못하는 것처럼, 눈에 보이지 않는 사사로운 마음이 몸을 병들게 한다. 감정의 찌꺼기들을 녹여내어 순수했던 아이로 돌아가고 싶다.

지인 중에 팔순의 어르신인데도 항상 해맑게 웃는 분이 있다. 허리는 굽어서 걸음을 걸을 때마다 한 번씩 펴주고 얼마 못 가서 주저앉아 쉰다. 얼굴에는 주름이 세월의 흔적을 남기고 있다. 하지만 경이롭게도 얼굴의 주름들 사이로 평온함과 자애로움이 흐른다. 활짝 웃을 때는 마치 갓난아기가 막 잠에서 깨어나 방긋 웃는 것 같은, 순수하고 맑은 마음이 전해져 온다. 어르신의 젊은 날의 초상화를 보면 상상할 수 없는 모습이다. 얼굴에는 용심이 에너지가 되어서 보는 이로 하여금 저절로 오금이 저려 달아나게 하는 얼굴이었다. 어찌하면 저렇게 달라질 수 있을까. 치열했던 삶에서 한 발짝 물러나서 모든 것을 내려놓으면 저런 모습이 될까.

그토록 이루고 싶었던 것은 무엇이며, 가지고 싶은 것은 무엇이었을까. 오르지 못할 나무를 쳐다보느라 나는 지치고 힘들다. 이제는 맑게 웃을 수 있는 어르신의 모습에서 삶의 지혜를 배우고 싶다.

붓을 가지런히 정리하였다. 순백색의 모습으로 돌아갈 수야 없겠지만, 맑은 회색의 편안함을 가진 붓으로 다시 태어났다. 운필이 아주 잘 된다. 궁서체의 아름다움이 살아서 움직인다.

달팽이 여정

늦가을의 원두막은 을씨년스럽다. 우수수 떨어지는 낙엽과 제법 쌀쌀한 바람에 한기가 느껴진다. 계절의 순환에 적응하기에는 항상 부족함이 있다. 가을걷이를 하러 떠날 때면, 추위에 적응을 잘 못 하기에 임기응변으로 텐트를 가지고 다닌다.

텐트를 치고 전기요를 편 다음 그 위에 얇은 카펫을 깔았다. 얼마 지나지 않아 밑자리가 따뜻해지면서 훈기가 돌았다. 텐트는 밭에서 작업을 하다가 잠시 쉬는 동안은 아늑한 집이 되어준다. 순간, 마치 내가 달팽이가 된 듯하다. '달팽이는 집을 지고 이사를 간다' 는 노랫말이 생각난다. 달팽이는 생존능력이 대단하다. 일천만 년이나 그 종족을 이어오고 있으니.

일전에 달팽이가 알에서 깨어난 것을 본 적이 있다. 존재의 위기를 느꼈음인지, 지인의 집에서 기르던 한 마리가 자웅동체임을 과시하며 30여 개의 알을 부화시켰다. 소식을 듣고 한걸음에 달려갔다. 상춧잎 사이로 눈에 잘 띄지도 않는 조그만 움직임이 보인다. 느끼지 못할 정도의 속도로 이끼 위로 올라온 하얀 점 같은 것이, 어린 달팽이였다. 신기하다. 저렇게 작은데 자세히 보니 집을 지고 있다. 달팽이는 생래적으로 자신을 보호해 줄 집을 가지고 태어난다. 그러기에 어디에 처해 있어도 살아갈 수가 있나 보다. 어미의 도움은 필요치 않은 것 같다. 흙과 적당한 습기만 있으면 살아갈 수 있는 생존능력을 지녔다. 느릿한 달팽이 걸음은 여유롭다.

달팽이의 여유로움을 배우고 싶다. 달팽이 걸음만큼이나 느린 내 삶의 여정들이다. 남들이 이십 대에 배우던 것을 나는 그 곱절이나 지나서 시작했다. 즐기는 것 또한 느리고도 느려서 제대로 누릴 줄도 모른다. 그러나 느리게 가는 여정일지라도 나름대로의 멋이 있다는 것을 조금씩은 배워 가는 중이다.

연전에 덕유산 스키장을 갔었다. 1박 2일의 일정이었다. 젊은 날 친구들이 스키장에서의 재미난 일들을 이야기할 때면 너무도 부러웠었다. 허나 바쁜 나의 일상들로 인해 여행이나 취

미생활 따위는 돌아볼 여유조차 없었다. 예순이 지난 지금에야 젊음의 낭만을 달팽이 걸음으로 옮겨놓는다. 순백의 아름다운 설경과 젊은 사람들이 힘차게 스키 타는 모습을 보는 것만으로도 청춘을 돌려놓은 듯하다.

곤돌라를 타고 덕유산 정상에 올랐다. 전망대의 정자는 새하얀 모습으로 의연하게 서 있었다. 마치 겨울왕국의 엘사가 얼음 정자 안에서 나타날 것만 같다. 상고대의 하얀 꽃송이는 싸늘한 눈바람도 상쾌하게 한다. 대자연은 달팽이걸음으로 찾아와도 그 모습 그대로 우리에게 보여준다. 느리게 도달할지라도 나름대로의 낭만과 멋이 있다는 것을 깨닫는다.

달팽이는 추월하려 들지 않는다. 토끼의 빠른 걸음도 부러워하지 않는다. 느리다고 놀림당하는 거북이가 앞질러 가도 유유자적하다. 그들이 바삐 지나간 자리에는 아주 소중한 것들이 기다리고 있으니까. 느리게 가다 보면 아름다운 충격을 만날 수도 있는 일이다.

시골집 마당 가장자리에 나무탁자가 있었다. 잠시 쉬어 가려고 탁자 앞에 앉았다. 탁자 위에 삐뚤빼뚤 예사롭지 않은 글씨가 보였다. 고개를 좀 더 가까이하여 읽어 보았다.

'자세히 보아야 예쁘다/오래 보아야 사랑스럽다/너도 그렇다.'

나태주 시인의 「풀꽃」이 새겨져 있었다. 시골 마을에서 어린 꼬마아가씨가 서툴게 쓴 나태주의 시는 가슴에 커다란 울림으로 다가왔다.

바삐 가는 이들은 하늘을 우러러, 산허리에 걸린 솜털 닮은 구름과 칠흑 같은 밤하늘에 흰 빛인 듯 반짝이는 노란 별들을 세어 보았을까. 생명의 젖줄인 강의 원류를 살펴본 적이 있을까. 그 속에서 살아가는 여린 생명들의 모습을 눈여겨볼 겨를이 있었을까. 달팽이는 가다가 어두워지면 밤하늘을 보며 쉬기도 하고, 강가에서 비를 피하며 물이 불어나는 광경을 유심히 보기도 하며, 뭇 생명들이 도란도란 나누는 정담도 들으면서 풀꽃들의 청초함에 동화되어 오래도록 머물기도 했으리라.

젊은 날은 토끼와 거북이처럼 살았다. 정상을 향하여 빨리 달려야만 되는 줄 알았다. 빠른 토끼가 자만심을 부리는 동안 거북이걸음으로도 먼저 정상에 도달할 수 있을 것만 같았다. 그러나 '정상에 오르면 또 다른 정상이 보인다' 는 것을 그때는 몰랐다. 모든 정상을 다 올라, 온 세상을 다 볼 수는 없는 일인 것을.

자연에 순응하는 달팽이의 생존방식을 배우고 싶다. 굼뜨고 답답한 달팽이지만 소중한 것들의 세세한 아름다움을 잘 채우고 있는 달팽이가 느려도 늦지 않다는 것을 보여준다.

달팽이 집 같은 텐트에 앉아 아득히 바라본다. 저 멀리 첩첩한 산봉우리에 하늘을 배경으로 나무들이 일렬횡대로 서 있다. 이제 서서히 불그레한 노을이 바탕색을 바꾸어 가리라. 그 신비로움에 취하여 마음은 점점 황홀경에 빠진다. 빨간 벽돌에 화려한 별장의 창문에서 바라보는 것이 아니면 어떠랴, 저 하늘에 그려지는 그림은 다르지 않으리니.

나의 벗

나에게는 아주 소중한 벗이 있다. 한 벗은 내 안의 나를 순화시켜 주는 문방사우요. 또 다른 벗은 희로애락을 같이 나누는 사십 년 우정의 벗이다.

나만의 공간인 조그만 서재가 있다. 그 속에는 언제나 변함없이 반겨주는 벗이 있다. 떨리는 마음으로 처음 화선지에 점을 찍던 날이다. 서예는 공허하던 마음에 '충만의 씨앗' 이 되어 한 점으로 들어왔다. 어느덧 15년, 이제는 떨어질 수 없는 벗이 되었다. 기쁠 때는 묵향이 기쁨을 더해주고, 힘들고 지칠 때는 차분하게 나를 돌아보게 해준다.

문득 문득 집 안이 너무 고요하다 못해 적막함을 느낀다. 항상 꽁무니를 쫓아다니며, "엄마 나무에도 뼈가 있어?" 엉뚱한 질문을 해서 나를 긴장시키던 아이들이었다. 이제 다 자라서 자기들의 세계를 찾아 떠나갔다. 유일한 짝꿍도 나름대로 바쁘다. 집안 가득 밀려드는 고요함은 한 몸으로 감당하기에는 너무나 크다.

그런 날은 벗을 찾는다. 조용히 음악을 들으면서 먹을 간다. 벼루와 먹이 부드럽게 당기는 듯한 느낌이 오면 농도가 적당하다. 화선지를 펴고 한 획, 한 획 정성을 들인다. 어느새 감당할 수 없는 외로움은 서서히 즐거움으로 바뀐다. 게으름을 피우다가 벗을 찾아도 밀어내는 법이 없다. 명필이 아니어도 상관이 없다. 언제나 편안한 마음으로 먹을 갈 수 있어 더없이 좋다.

어제 글방에서 사십 년 우정의 벗을 만났다. 여느 때와 달리 수척해 보였다. 살짝 미소를 띤 얼굴에서 우리가 걸어온 길이 이미 멀리 왔음에 마음이 아프다.

우리는 싱그러운 이십 대 초반에 서로를 알아보고 벗이 되었다. 나보다도 더 나를 잘 아는 벗. 혼자만의 대화에 맴돌다, 전화를 건다. 벗은 언제나 변함없이 화선지가 되어준다. 화선지에 글씨를 쓰면 잘못된 것이 바로 눈에 들어오듯이, 친구에게 말을 하고 나면 바로 나의 잘못을 느낄 수 있다.

슬픔은 어떻게 이겨야 하는지, 외로움은 어떻게 달래야 하는지 나름대로 해답을 찾는다. 사랑을 얘기할 때 우리는 더욱 진지하고 절실하다. 자식 사랑, 남편 사랑, 부모님에 대한 사랑, 모든 사람들의 사랑을…….

얼마 전 우리는 충북 괴산에 있는 희양산 산행을 하게 되었다. 나의 초대로 참석한 친구에게 무척 신경이 쓰였다. 하지만 그것은 괜한 걱정이었다. 역시나 우리는 둘만 같이 있으면, 세상이 다 우리 것인 양 즐겁다.

정상으로 가는 코스 중에 우리는 등반대장을 따라 첫 번째 코스를 선택했다. 산을 오르기 시작했다. 친구는 몸이 날렵해서 잘 올라갔다. 마음이 조마조마 하여 "조심해" 하며 연신 소리를 질렀다. 다 올라갔다고 신호를 보내왔다. 절벽이 꺾여 있어서 아래에서는 위가 보이지 않았다. 다음은 내 차례, 줄의 매듭을 잡고 한 매듭씩 올라갔다. 중간쯤 오르니 발을 디딜 데가 없었다. 팔 힘으로 매듭을 올라가야 하니 아찔했다. 아래는 절벽이고 위는 보이지 않고 발은 허공에 있었다. 그때 "모임당, 모임당" 하고 안타깝게 나를 부르는 친구의 목소리가 들렸다. 그 소리에 힘을 얻어 한 매듭 두 매듭 몸을 끌어 올렸다.

힘겹게 올라선 정상에서 아래를 내려다보았다. 서로 의지하며 엉겨 붙은 나무는 마치 벗과 내가 걸어온 뒤안길을 보여주는 듯했다.

내가 벗이고 벗이 곧 나인데, 얼굴에 피곤이 묻어나니 누구의 탓인가. '백아절현伯牙絕絃'이라 했던가. 문방사우를 가지런히 펼쳐본다. 화선지에 시 한 수 적어 벗의 마음을 위로하고 싶다.

노인의 모정

주말에 마침 시간을 내어 동화사로 향했다. 공산터널을 지나 달리는 도로의 가로수는 사계절 동화사를 찾는 이의 마음을 즐겁게 해준다. 이제 봄소식이 오나, 하는 마음으로 차창 밖을 유심히 살핀다. 아직은 새싹이 보이지 않으나 나뭇가지에 생기가 감도는 것이 느껴진다. 몇 주 후면 벚꽃을 감상할 수 있겠구나, 생각하다가 피식 웃었다. 사람의 마음이 이처럼 간사할까. 지난봄에는 이 길을 달리면서 모든 것이 슬퍼보였다. 꽃을 보면 저렇게 예쁜 것도 곧 시들어버릴 것을 슬퍼하고, 어린 잎을 보고 아직 봄, 여름, 가을, 겨울의 아픔을 겪어보지 못한 새잎이 슬프게만 보였다. 오늘 이 길에서는 새봄이 기다려진다.

법당에서는 예불이 이미 중반에 접어들고 축원문을 읽는 소리가 들렸다. 조심스레 문을 열고 들어섰다. 앉을 자리가 없어서 뒤쪽 줄에 간신히 끼어들었다. 조용히 마음을 가다듬고 예불에 동참했다. 옆자리에 노인과 중학생쯤 되어 보이는 아이가 나란히 앉아 두 손을 모으고 있다. 아주 경건한 자세였다.

예불이 끝나고 두 분 스님이 일어서서 문을 나서는 순간이었다. 노인이 스님을 붙잡고 "스님! 우리 아이 손 한 번만 잡아 주이소" 연달아 간곡히 부탁하였다. 노인의 처절한 목소리에 내 가슴에 찌르르 전율이 느껴졌다. 두 분 스님이 의아해하다가 핏기 없이 해쓱한 아이의 손을 어루만져 주었다. 아이와 노인은 구원의 손길을 잡은 듯 연신 허리를 굽혀 절하였다. 스님이 법당을 나가고 난 후 아이와 노인은 부처님께 엎드렸다. 두 사람의 애절한 모습에서 끊으려 해도 끊을 수 없는 모정을 보았다. 가련한 노인에게서 여자들의 숙명 같은 것을 느꼈다.

자식의 아들이 아파하고 있다. 차라리 당신이 아픈 것이 마음 편하겠다, 하는 심정으로 노인은 온몸으로 말하고 있다. 손자의 고통을 덜어 주고 싶은 마음에 늙은 몸을 이끌고 부처님 앞에 엎드려 두 손을 모으는 모정에 코끝이 찡해온다.

집 가까이 대구대학교 사회복지학과가 있다 지인의 아이가 덕희 학교에서 발표회가 있다고 하였다. 축하와 격려를 해주려고 학교를 방문했다. 덕희 학교를 찾으며 건물을 쭉 둘러보았다. 보명, 보건, 광명, 덕희, 영화, 다섯 개의 특수교육 학교가 있었다. 지인의 아이는 어릴 때 교통사고로 인해 몸을 마음대로 움직일 수가 없어서 재활교육을 받고 있다. 주위에는 발달장애로 아이와 어머니가 눈물로 삶을 살아가는 이들이 있다.

내가 경영하는 학원에도 몇몇 학생은, 형 또는 언니가 장애로 힘든 생활을 한다. 형제가 장애아여서 받는 고통이 어른에 못잖다. 불편한 형제 때문에 모든 것을 양보하고, 부모의 온전한 사랑도 받지 못한다. 또한 자신이 성장하면 부모와 장애 형제까지도 책임을 져야 한다고 생각하며 우울한 나날을 보낸다. 이야기를 듣고 있노라면 애잔하고 기특하다. 장애아와 비장애아를 기르는 어머니의 심정은 어떠할까. 서로 위로하며 하는 말이 있다고 한다.

불편한 몸으로 태어나게 해서 미안하다.
제대로 자라게 뒷바라지 해주지 못해서 미안하다.
남편과 식구들에게 미안하다.
형 또는 언니 때문에 어린 너에게 사랑을 줄 겨를이 없어서 미안하다.

그리고 내 인생은 또 이 무슨 형벌인가. 나는 저들을 위하여 아무런 힘이 되어주지 못하고 있다. 그저 "너는 부모님의 희망이니 건강하게, 열심히 공부해라." 아이에게 오히려 부담이 되는 말밖에 할 수 없다는 것이 마음이 아프고 부끄럽다. 이렇게 힘들게 살아가는 사람들에 비하면 나의 고민은 사치에 불과하다.

오늘 법당에서 본 노인과 손자는 또 어떤 아픔이 있기에 부처님을 찾아와 저렇게 간절한 기도를 올릴까. 돌아오는 길에서도 그들의 안타까운 모습이 가로수 위에 걸렸다. 이 길을 슬픔에 잠겨 눈물을 머금고 왔으리라. 저들에게도 저리도록 아픈 이 봄을 이기고, 희망의 새봄을 맞이하기를 마음속으로 축원 올린다.

살아 있는 그림

가을은 점점 깊어지고, 허전한 마음은 무언가를 찾아서 분주해진다. 여기저기 문화행사를 기웃거려 보지만 마음은 개운치가 않다. 그러다 마침 미술전시회를 관람하게 되었다.

작품은 1관에서 5관까지 전시되어 있었다. 서예전시회 때 자주 가는 곳이지만, 낯선 엄숙함에 안내원에게 목례를 하고 조용히 전시실로 들어갔다. 거의 추상적인 작품이다. 작가의 의도한 바를 알 수가 없다. 그림을 유심히, 그리고 천천히 둘러보다가 한 곳에 눈이 머물렀다. 작품의 명제는 '빛' 아날로그 텔레비전의 화면 같은 바탕에 백자를 그린 것이다. 가까이서 보면 분명히 선이 없는데 뒤로 점점 물러날수록 백자의 우아한 자태가 드러나는 것이 신비롭기까지 하다. 어쩌면 이렇게 표현할 수 있을까. 신기하여 몇 번을 앞으로 갔다, 뒤로 천천히 물러났다 하면서 변화의 모습을 감상하였다. 나지막하게 소곤대는 어느 부부의 목소리에 환상에서 깨어나듯 자리를 옮겨 다음 전시실로 갔다.

전시실에 들어서는 순간 놀라움에 가슴이 뛰었다. 작품은 아름다운 근육을 가진 젊은 남자가 전라의 모습으로 웅크리고 앉아 무언가 생각하는 자세를 취하고 있으되, 머리가 없다. 충격이었다.

튀어오를 듯한 자세와 불끈불끈 힘이 느껴지는 근육들, 생동감이 넘쳐흐른다. 그런데 작가는 왜 머리를 생략했을까. 우둔한 나로서는 그저 놀라움과 야릇한 슬픔이 밀려왔다. 작품을 보게 된 것을 후회하면서 발걸음이 떨어지지 않는 것은 또 무슨 까닭인가. 인간에 대한 연민일까.

예술이란 이름 아래 작가들은 우리 인간을 발가벗겨 원초적인 모습으로 돌아가게 하였다. 그래도 그 모습에는 성스러움이 깃들어 있기는 했다. 점차로 신체 부위를 생략한 조각 작품들이 나오기 시작했다. 급기야는 머리를 생략한 작품이 나오다니……. 나의 무지함이 작가의 뜻을 이해 못 하고 있지만 순수한 일반 관람객으로서는 너무나 충격적이었다.

첨단과학의 발달로 우리 인간은 머리를 쓸 필요가 없어졌다. 물건을 살 때 계산을 하지 않아도 된다. 계산기를 두드리기만 하면 그만이다. 버튼만 누르면 모든 생활이 이루어지는 편리함 속에 살고 있다. 그러다 보니 인간은 누군가에 의해 조종되는 기계로 변해가고 있는 것 같다. 우리의 신체는 힘든 노동을 하지 않아도 된다. 좋은 옷을 걸치고 향기로운 음식을 먹으며 향락을 누리고 있다. 작품은 이러한 현대인의 모습을 형상화한 듯 느껴져서 씁쓸하고 우울하다.

미술관을 벗어나 공원길을 걸었다. 단풍이 참 곱다. 소슬한 바람이 얼굴에 상쾌하다. 갑자기 롤러스케이트장에서 활기 넘치는 왁자한 소리에 저절로 발길이 옮겨졌다. 초등학생들이 롤러스케이트를 신나게 타고 있다. 여러 명이 질서정연하게 스케이팅 왈츠를 추듯 미끄러진다. 아이들의 동작 하나하나가 바로 예술이다.

한편에서는 대회를 준비하는 선수인 듯 코치 선생님의 날카로운 지적이 연신 쏟아진다. 왼발, 오른발, 자세를 잡아주며, 적당히 허리를 굽혀 질주하는 모습은 마치 비상하는 독수리 같다. 독수리가 창공을 선회하며 원을 그리듯이, 선수들은 줄을 지어 원을 그린다. 나의 눈은 빙글빙글 돌아가는 선수들을 쫓는다. 세상의 온갖 근심 걱정은 저 멀리 달아났다. 허전하던 나의 마음도 점차 평온을 찾는다. 선수들의 부드러우면서 활기찬 모습은 그대로 나의 즐거움이 되었다.

나는 이루지 못할 것들에서 벗어나지 못하고, 마음의 평화를 얻기 위해 어디를 서성이는가. 부질없는 일이다. 외물外物을 좇다 보면 마음은 더욱 피곤해지는 법. 선수들의 활기찬 모습과 아이들의 저 해맑은 웃음이야말로 마음의 평화를 주고 삶의 의욕을 주는 값진 교훈이 아닐까.

나는 의자에 앉아 아이들의 모습을 상기된 얼굴로 바라본다. 저들의 모습은 온몸으로 그리고 있는 살아있는 그림이다. 내 가슴에 한 줄기 빛이 점점 밝아 온다.

나옹선사 시 청산은 나를 보고 말 없이 살라 하고/ 창공은 나를 보고 티 없이 살라 하네./ 탐욕도 벗어놓고 성냄도 벗어놓고/ 물같이 바람같이 살다가 가라 하네.

아름다운 조화

무술년 초하 절이다. 유儒 공의 서재에서 네 벗이 조촐한 자축연을 열고 있다. 술 한 잔에 덕담 한마디씩 하며 즐거움이 더했다. 점차 흥겹던 분위기는 어느덧 토론의 장이 되어 간다. 술의 힘일까, 평소에는 상상할 수 없는 광경이다. 한 치의 양보도 없다. 들어보면 각자의 말이 그럴 듯도 하다. 그들은 조상 대대로 우정을 쌓아온 지기이다. 이번 대회에서 대상을 목전에 두고 서로 자신의 공이 크다며 주장을 펼치고 있다.

필筆 공이 먼저 우수혈통을 자랑하며 자신의 공을 내세운다. 이런 대작은 양모, 황모, 낭모, 닭, 마馬, 죽, 갈 등의 다양한 기질을 가진 우리 조상님들 가운데 마필馬筆의 힘찬 기운이 아니면 이루어질 수 없다고 열변을 토한다.

그러자 묵墨 공이 듣자하니 기가 막힌다는 듯 쓴소리를 한다. 여보게, 그런 소리 말게. 우리의 시조는 중국 은나라로부터 경주의 '천년의 흔적' 에 이르기까지 송연묵의 공이 크네. 내 몸을 갈고 또 갈아서 살신성인하는 정신이 없었다면 어찌 오늘의 대작을 이루겠나.

가만히 듣고 있던 연硯 공이 분연히 나선다. 필 공과 묵 공이 아무리 조상으로부터 뛰어난 재주를 갖고 태어났다 해도 우리 연 가문의 협조가 없었다면 가당키나 한 일인가. 육천여 년 전 조상들로부터 대를 이어 온 연 가문은 당나라 때에 활기를 띠기 시작하여 송나라에 와서는 가장 왕성하였다네. 오늘날은 충청남도 남포에 이르러 후손들의 활약이 대단하다네. 묵 공의 내면의 향기와 필 공의 넘치는 힘을 보여줄 수 있는 것이 연의 협조가 아니면 가능한 일인가.

점잖게 있던 지紙 공이 가당찮다는 표정으로 좌중을 압도한다. 무슨 소리, 우리 지 가문이야말로 으뜸일세. 우리 지 가문은 고대 중국으로부터 그 중요성을 인정받아 '역대명화기' '신당서' 를 시작으로 기록을 남기게 되었다네. 지금도 명필로 회자되는 왕희지의 '난정서' 와 그 유명한 조선의 선비 김정희의

'세한도' 가 우리 지 가문 아니었으면 어찌 전해졌겠는가. 필 공, 묵 공, 연 공, 그대들의 공도 없지는 않다 하겠으나 그대들이 문자향文子香을 세상에 전하는 데에는 온몸을 내어 주는 지 가문의 헌신적인 공이 제일이 아니겠는가.

시간이 흐를수록 갑론을박이 수위를 더해가자 잠자코 듣고 있던 유 공이, 여보게들, 마음을 진정하고 재미난 이야기나 들어 보게. 일전에 듣자하니, 건넛마을에 효자 아들로 유명한 김가네 말이네. 요즘 먹고살 만하니까 부부가 서로 자신의 공이라고 주장한다네. 누구의 말이 맞는지 한번 판단해 보게나.

김 가는 찢어지게 가난하였다. 방 한 칸을 구하기도 힘든 형편에 가정을 이루고 싶었다. 하지만 팔남매나 되는 형제와 홀로 된 어머니를 건사할 배필을 구하기는 쉬운 일이 아니었다. 그때 마침 처지가 비슷한 한 여인을 만났다.

김 가는 밤낮 없이 오로지 일만 열심히 하였다. 산 넘어 산, 밑바닥에서 시작하는 신접살림은 갈수록 태산이었다. 허나, 다행히 집에는 아내가 자신이 처리해야 할 형제들의 일을 해결해 주고 있었다. 어린 동생들 교육문제에서부터 진로문제는 물론이고, 크고 작은 사건 사고들을 지혜롭게 잘 처리하였다. 김

가는 마음 놓고 자신의 일에 전념할 수 있었다. 그 와중에 어머니가 당뇨병으로 쓰러졌지만 십오 년이란 긴 세월을 아내는 묵묵히 수발을 들었다. 그냥 모시기도 힘들다는 시어머니에게 매일 아침이면 인슐린 주사를 놓아야만 했다. 아내가 갑상선 수술을 받으러 갈 때도 인슐린 주사를 맞기 위해 병원에 따라가려는 시어머니였다. 아내의 이러한 수고로 김 가는 고향에서는 효자 아들로 유명해졌다.

이제는 세월이 흘러 어머니도 떠나고, 형제들도 일없는 듯이 조용히 살게 되었다. 두 부부는 편안해진 지금이 행복하다며, 이것이 자신의 공이라는 착각으로 서로 설왕설래한다. 김 가는 자신이 사회에서의 어려운 역경을 이기고 죽을힘을 다해 열심히 노력했기 때문이라고 주장한다. 아내는 그렇지 않다. 집에서 살뜰한 내조가 없었더라면 어찌 일에만 집중할 수 있었겠느냐고 맞선다. 오늘도 김 가네 부부는 서로 자신의 노력을 알아달라고 하소연을 계속해서 이어간다.

여보게, 자네들 생각은 어떠한가? 사람은 누구나 자신의 아픔이 더 크고 힘들다고 생각하는 것 같지 않은가. 김 가도 나름 얼마나 힘들게 세파를 헤쳐 나왔겠나. 자신이 무너지면 가족이 무너진다는 각오로 살았을 것이 아닌가. 아내는 또 어떠한가. 자신의 고달팠던 시간들에 대해 아직까지도 수고했다, 고맙다는 말 한마디를 아끼는 남편이 야속하기만 하지 않겠나. 서로가 마음으로는 너무나도 잘 알고 있으면서 표현을 하지 않는 까닭이 무엇인지 궁금하지 않은가.

듣고 있던 네 벗은 크게 고개를 끄떡였다. 마치 우리들의 모습을 보는 것 같네 그려. 저 부부가 각자의 역할을 충실히 하지 않았다면, 오늘의 평온함은 얻지 못했을지도 모르는 일인 것을. 이제라도 '역지사지' 의 참뜻을 깨우쳐서 더 늦기 전에 서로에게 따뜻한 위로의 말을 건넸으면 좋겠네.

유 공의 이야기에 모두들 공감하는 표정을 짓는다. 지금까지 자기주장만 내세우던 네 벗들은 자신들의 공명심이 부끄러워진다. 명작의 탄생은 '아름다운 조화' 에서만 이루진다는 것을 늦게나마 깨닫는다. 필묵연지, 네 벗은 부질없는 언쟁을 멈추고 조상대대로 이어져 온 우정을 소중히 생각하며 무념무상의 세계로 빠져든다.

3

연꽃에 띄운 사연

세월의 두께

연꽃에 띄운 사연

오래된 부부

콩과 목련

아름다운 소녀

땅끝 마을

보이지 않는 힘

고치를 짓다

여정

두려운 안개

왕버들

팔우당

관정

세월의 두께

왜 울었을까? 때를 놓친 의문 하나가 고개를 든다. 아무런 이유가 없었다. 외형상으로 본 그날은 평화로웠다. 고향의 가족들과 인사를 잘 나누고 차에 올랐다. 돌아오는 차 속에서 느닷없이 시어머님이 속울음을 흐느끼기 시작했다. 당황스럽기 그지없었다. 점점 커져가는 소리에 나와 남편은 물론이고 뒷좌석에 나란히 앉은 시삼촌도 어찌할 바를 몰랐다. 차 안을 사로잡은 예상치 못한 분위기가 민망스럽기만 하다.

요즈음 자꾸만 세월을 되짚어 세어 본다. 몸이 예전 같지 않아서 일까, 사회생활에 자신감이 떨어짐을 느낀다. 그렇다고 일을 처리하지 못하는 것은 아니다. 아직까지는 공적인 일, 사적인 일에 아무런 문제가 없다. 다만 일에 앞서 전에 없이 미미하게 느끼는 불안감이 나를 우울하게 만든다. 그래서일까, 지금 이 나이 때의 시어머님을 자꾸만 떠올리게 된다.

누구보다 부지런하고 강하던 시어머니였다. 태산보다 우뚝하고 태풍보다 더 무서운 강풍으로 온 집안을 제압하던 어른이었다. 그런 분이 세월 앞에 힘없이 무너졌다. 그때가 육십팔세. 나도 그 나이가 코앞에 다가왔다. 겁 없이 도전하던 마음은 어디로 가고 순간순간 뒤를 돌아보게 된다. 시어머니의 치열했던 삶과 의지와는 상관없이 무너지는 자존감을 보았다. 이제는 당연히 받아들여야 하는 세월 앞에 서고 보니, 아프고 허망했을 시어머니의 마음이 가슴으로 전해져 온다.

이제 와서 후회가 된다, 팔순의 시어머니가 어린애처럼 그렇게 슬피 울던 이유를 듣지 못한 것을. 그때는 몰랐다. 젊은 며느리는 시어머니의 허망하고 애틋한 마음을 알지 못했다. 왜 또 저러실까 어른답지 못하게. 내 마음 불편한 것만 생각했다. 차를 세우고 어디 조용한 곳으로 가서 시어머니의 마음을, 하소연을 들어주면서 위로를 해 드리지 못한 것이 이렇게 가슴 미어지는 일이 될 줄은 미처 깨닫지 못했다. 죄송스러운 마음에 목이 빼근하게 아파온다.

영원할 것만 같던 싱그러운 젊음도 어느새 곱디고운 단풍으로 물들었다. 모두들 환호하며 즐거워한다. 인생의 절정이다. 척박한 땅에 태어나 모래와 자갈에서 한 줄기 습기를 찾아 뿌리를 내리고 튼실한 둥치가 되려 했다. 모진 세월을 이겨내고 드디어 아름다운 단풍이 곱게 물들었다. 이제 낙엽 되어 떨어질 것을 생각한다. 자연의 순리 앞에 저항할 수 없는 나약함을 스스로 느낀다. 누구도 도와줄 수 없는 오롯이 혼자 걸어가야 할 인생여정 종착역에 서서히 들어서고 있음에 외롭고 쓸쓸함이 이런 마음이었을까, 시어머님도.

홀로 팔남매라는 무거운 짐을 지고 하루하루를 버티어 오신 시어머니셨다. 하늘만 바라보는 천수답에 겨우겨우 모내기를 마치면, 걸음걸음 밟히는 새까만 눈망울의 어린 자식들을 두고 전국 방방곡곡 장사를 다녔다고 한다. 너무도 많이 걸어서 발톱이 빠지고 짓물러서 아문 상처는 발가락을 기형으로 만들었다. 그래도 무럭무럭 자라는 자식들 보는 것을 보람이고 낙으로 삼으셨다. 젊었기에 지쳐 쓰러져도 자고 나면 새로운 힘이 솟아났다고 했다.

이제는 병들고 지친 몸이 떠날 것을 예감하고 그렇게도 서럽게 우셨는가. 고향의 큰아들도 병이 들어 안타깝고, 벼가 자라

일렁이는 논밭에서 새참을 이고 가는 시어머니의 젊은 날이 생생하게 떠오른 것일까. 논에서 피를 뽑는 시아버지의 모습이라도 보았을까. 지난하고 고달팠던 한평생이 그리움으로 사무친 것일까. 차마 자식들에게 말로는 못 하고 온몸으로 보였는데, 우둔한 자식들은 그 마음도 헤아리지 못하고 노인네의 주책으로만 생각했다.

세상만사가 무상이라 했던가. 어제가 이어져서 오늘에 이르렀다. 같은 것 같지만 보이지 않을 만큼씩 변하고 있다는 사실을 내 모습에서 발견한다. 거울을 보면 웬 늙은이가 눈가에 잔주름을 지어 보이며 씁쓸히 웃고 있다. 원래는 이런 모습이 아니었다. 매일 거울을 보았는데도 언제 이렇게 바뀌었는지 눈치를 못 채고 있다가 화들짝 놀란다.

시어머님도 얼마나 놀라셨을까, 어느 날 갑자기 모든 사랑하는 것들을 두고 떠나야 한다는 사실을 느꼈을 때 그 절망감을. 초연하게 떠날 수 있는 사람이 과연 몇이나 될까. 혹여나 나 또한 며느리에게 이런 모습 들킬까 봐 두려워진다.

마음이 산란할 때는 지그시 눈을 감고 하얀 눈밭에 외로운 발자국을 떠올리며 조용히 따라가 본다.

'정처 없는 우리 인생 무엇 같을까?/기러기가 눈밭 위를 배

회하는 것 같으리/진흙 위에 어쩌다가 발자국을 남기지만/기러기 날아간 뒤엔 행방을 어찌 알랴?'

소동파의 시이다. 무상한 인생의 본질을 실감나게 그려낸 동파도 이미 떠나간 지 오래고, 불로장생을 꿈꾼 진시황도 결국 뜻을 이룰 수 없었지 않았는가. 하물며 티끌 같은 존재에게야 말해 무엇 하랴.

생각이 여기에 미치자 마음이 편안해진다. 억울할 것도, 두려워할 일도 없다. 그저 자연현상에 순응할 밖에. 오늘 정답게 만나던 사람도 헤어짐이 예정되지 않았으니, 지금 이 순간이 얼마나 소중하고 감사한 일인가.

영원히 들을 수 없는 대답이지만 시어머님의 유택을 찾아 우문愚問이라도 해야겠다, 혹시라도 애로지정哀老之情의 화답을 하실지.

人生到處
知何似
應似飛鴻
踏雪泥
泥上偶然
留指爪
鴻飛那復
計东西
蘇东坡詩句中
戊戌年

연꽃에 띄운 사연

가늘게 내리는 빗속에 발그레한 연꽃이 더욱 청초하다. 연못 주위를 하릴없이 거닌다. 연잎에 또르르 구르는 빗방울 따라 그리움이 심연 깊은 곳으로 잠긴다.

찬란한 해를 보면 해인 듯하고, 은은한 달을 보면 달인 듯하여 도무지 뇌리에서 떠나지 않는 존재. 나에게로 온 그 순간부터 떼어놓을 수 없는 우리 사이. 탯줄은 이미 끊어진 지 오래지만 탄생의 순간 느끼는 환희는 더욱 단단한 가족으로 묶여져 영원으로 이어진다.

삶의 존재의 이유가 되기도 하고, 가장 가치 있는 일을 하고 있다는 자부심으로 당당하게 세상에 도전장을 내는 힘의 원천이기도 했다. 단칸방 오막살이에서도 아이들 재롱에 웃음꽃이 활짝 피어났었다. 털이 보송보송한 노란 병아리가 어미 닭을 졸졸 따라다니는 것처럼, 내 품이 세상의 전부인 양 안겨오는 두 아들은 내 생의 기쁨이요 희망이었다.

아이들이 처음 세상 밖으로 나가는 유치원 생활을 잊을 수가 없다. 너무 얌전한 큰아이는 유치원에서 항상 역할이 아기인 것이 불만이었다. 나름 멋있는 역할이 하고 싶었다. 하루는 친구들 앞에서 제법 커다란 돌덩이를 들어 올리는 힘을 보여줬더니, 친구들이 눈이 동그래지면서 아빠 역할을 하라고 했다는 것이다. 의기양양 자랑하는 모습이 귀여워서 눈에 선하다.

작은아이가 유치원에 처음 가는 날이었다. 가방을 챙기고 모자를 쓰고 나서며 하는 말. "엄마 곰돌이와 놀고 있어" 하며 자기가 가장 아끼는 곰돌이를 나에게 안겨 주었다. 가슴이 뭉클하여 눈시울이 뜨거워졌다. 자신이 유치원 가면 엄마 혼자 남는다는 것을 그 나이에 알고 있었던 게다. 아이의 마음을 헤아리는 순간 기특하고 대견스러웠다. 이렇듯이 예쁘고 귀여운 우리 아이들에게 대가족이라는 생활여건은 자칫하면 상처를 받을 수 있는 환경이었다. 거의 매일 일어나는 사건 사고를 보여주고 싶지 않았다. 거센 파도를 막아주는 방파제가 필요한 시

一朶荷花滿家香
戊戌 蕙任堂

기였다. 좋은 것만 보고 좋은 소리만 들으며 성장할 수 있도록 평온한 환경을 만들어 주고 싶었다.

큰아이가 성인이 되어 내 품을 떠나가던 날, 아이는 메모를 남겼다.

'창 밖에는 눈이 오고 있다. 이제 내 꿈을 위하여 집을 떠나야 한다.……' 짧은 메모 속에 하지 못한 많은 말들이 담겨 있었다. 아이를 낯선 서울에 홀로 남겨 두고 돌아오는 열차 안에서 참았던 눈물이 쏟아졌다. 체면도 차릴 수 없었다. 아이도 아마 울고 있었으리라, 난생 처음 겪는 이별이니.

두 번째 이별이 다가왔다. 형을 떠나보내고 둘이 쓰던 방이 얼마나 허전할까 하는 마음에 작은아이에게 전축을 사주었다. CD와 음반을 들으면서 잘 지내기를 바랐다. 작은아이마저도 서울로 떠나가던 날, 아이의 방에서는 베토벤의 전원교향곡이 잔잔하게 흘러나왔다. 유치원 갈 때는 아끼는 곰돌이를 안겨주더니, 이제는 전축만 남겨놓고 떠나가려 한다. 고요한 슬픔이 밀려왔다.

하숙집에서 짐들을 정리하고 아주머니께 잘 돌봐 달라고 부탁하고, 또 부탁하였다. 서울역 플랫폼에서 이제는 어엿한 성인이 된 두 아들이 다정하게 서서 손을 흔든다. 서로 의지가 되겠지 하는 마음에 조금은 안심이 되었다.

잠결에 뚜욱~ 뚝~ 끊어지는 소리에 소스라치게 놀라서 깼다. 정말 가슴에서 무언가 끊어지는 묵직한 아픔이 밀려온다. 요즈음 이런 현상이 자주 일어난다. 두 아들에 대한 지나친 정을 무의식 속에서도 끊어내고 있음이란 생각이 든다. 두 아들은 이제 한 여자의 남편이고 한 집안의 가장이다. 또한 본가 말고도 챙겨야 하는 처가가 있다. 어린 시절의 애틋한 정을 그대로 간직하기에는 아이들에게 짐이 될 것 같다. 마음에 여유를 가지자고 다짐을 한다. 그러나 이성과 감정은 괴리가 있다. 예쁜 며느리들의 마음을 다치지 않게 하기 위해서라도 마음을 다잡아야 한다.

항상 정에 갈증을 느끼던 어느 날, 문득 '솔로몬의 지혜' 가 떠올랐다. 진정으로 자식을 생각하는 어미의 마음을 잘 보여주는 이야기이다. 그 여인의 마음으로 두 아들에 대한 정은 며느리에게 양보할 때가 온 것 같다.

이제 부모의 역할은 바뀌었다. 이미 성인이 된 두 아들의 뒤에서 조용히 배경 역할을 하는 병풍이 되리라. 손자에게 할아버지 할머니의 사랑이 필요하면 나누어 주고, 아들 며느리에게는 부모에 대한 효심이 일어날 때면 즐겁게 받아주며, 주인공을 더욱 빛나게 하는 병풍. 필요할 때 펴고 소용이 없을 때는 접어두는 병풍. 직접 무언가를 할 수 없음을 감내하고 적재적소에 알맞은 병풍 역할을 익혀야겠다.

기쁨이 극진해지면 슬픔이 온다고 했던가. 자식을 자애함은 기쁨의 극치요, 그에 따른 슬픔은 환희에서 오는 슬픔인지라 무어라고 형언할 수가 없다. 부모 자식 간의 자애의 정은 무엇으로 노래할까. 기다리고 지켜봐 주느라 가슴은 시꺼멓게 타서, 차곡차곡 쌓여만 가는 연못의 펄인 듯하다. 하여, 심연지정深淵之情이라고나 할까 보다.

비에 젖어 티 없이 맑은 연꽃에 이 마음을 띄워 보낸다.

오래된 부부

'당신의 마음 한 편에는 아직 꺼지지 않은 불씨가 남아있다'

문화예술회관 전면에 어둠속에서도 환하게 비치는 글귀가 심장을 "쿵" 하고 요동을 치게 한다.

저녁운동을 가는 남편에게 "공원에 벚꽃이 피었죠?" 라며 궁금해서 물었다. "아니, 아직 피지 않았던데" 남편은 무심하게 한마디 하고는 혼자 가버렸다. 얼마 후 운동을 다녀와서 하는 말, 벚꽃이 활짝 피었다고 한다. 어제는 꽃을 보지 못했다는 말에 혼자 피식 웃었다. 무디고도 무딘 우리 집 양반.

다음 날 같이 벚꽃을 보러 갔다. 어두운 하늘가에 가로등 불빛을 받은 탐스러운 꽃송이가 처연하게 아름답다. 겨우 자리를 잡아 주차를 하고, 감탄사를 연발하며 나란히 벚꽃나무 아래 섰다. 이게 얼마만인가, 둘이서 같은 마음으로 꽃을 바라본다는 것이. 우리는 설레는 마음으로 나란히 걸었다. 그것도 잠시, 남편은 걷기운동을 하려고 빠르게 걷기 시작했다. 도저히 보조를 맞출 수가 없다. 남편의 모습은 이제 보이지 않았다.

혼자서 아름답고 슬픈 꽃길을 걸었다. 몇 해 전에 큰아이와 이 길을 걸으며 수없이 많은 대화를 나누었다. 군 복무를 마치고 다시 서울로 가야 하는 아들에게 인생의 선배로서, 엄마로서 들려주고 싶은 말이 너무 많아 걷고 또 걸었던 길이다. 그때 아들은 벚꽃이 이렇게 아름답게 핀 것을 처음 본다고 했다. 공부에만 찌들어 마음의 여유가 없이 보낸 청춘에 가슴이 아팠다. 벚꽃 사이사이 아들의 얼굴이 얼비쳐 보인다. 괜스레 마음이 울적해졌다.

걷다 보니 예술회관 앞이다. 밤에 보는 회관은 불빛 때문인지 신비롭기까지 하다. 전면의 많은 현수막이 어둠 속에 모습을 드러낸다. 눈에 확 들어오는 글귀 하나가 가슴을 뜨겁게 한다. 이제 칠순을 바라보는 오래된 부부에게도 꺼지지 않은 불씨가 남아 있을까.

숨을 돌릴 겸 나무의자에 앉았다. 열심히 걷기운동 하는 사람들 속에서 아는 얼굴을 찾으려고 유심히 바라보았다. 가만히 보고 있으려니 신기하게도 사람들은 누가 시키지도 않았는데 한쪽 방향으로 부지런히 걷고 있다. 팔을 힘차게 흔드는 사람, 남녀가 다정히 속삭이며 걷는 사람, 둘이서 개구지게 망토를 같이 둘러쓰고 걷는 젊은 아이들, 각양각색의 활기찬 모습이 생기가 넘친다.

정신없이 감상을 하고 있는데, 불쑥 반대편에서 남편이 나타났다. 자동차에 전조등을 켜놓고 왔다고 열쇠를 달라고 했다. 깜빡거리는 정신은 어쩔 수 없다. 자동차 열쇠를 건네주자 남편은 다시 가던 길을 걸어갔다. 남편은 한 바퀴를 더 돈다고 한다. 오랜 시간 앉아 있으려니 바람이 제법 쌀쌀하게 느껴져서 오던 길을 되짚어 걸었다. 꽃송이는 보는 방향에 따라 운치가 다르다. 굽어 도는 길 따라 몽실몽실한 꽃송이들, 사람들은 연신 핸드폰카메라를 눌러댄다. 나도 사진을 찍어 아이들에게 보낼까 하다가 그만두었다. 아름다운 이 순간을 함께하고 싶은 마음은 간절하지만, 자기네들의 좋은 시간을 방해할까 봐 차곡차곡 마음속에 담아두기로 했다.

젊은 엄마와 아가가 강아지를 희롱하고 있었다. 지나가는 다른 강아지도 강아지에게 눈길을 주느라 주인에게 끌려간다. 사람도, 동물도, 아가도 꽃놀이에 취한다. 아기가 귀여워 몇 살이냐고 물어봤다. 아기 엄마는 사랑이 가득한 얼굴로 아이 얼굴을 바라보며 "이제 네 살이에요" 한다. 그 모습이 정말 아름답다. 멀리서 여섯 살쯤의 형이 뛰어왔다. 한 발 뒤에서 아기 아빠는 아이들을 보호하며 서있다. 단란한 가족이다. 나도 저런 때가 있었지. 가슴이 그리움으로 가득하다.

지난 시절을 돌아보면, 남편의 작업장에 딸린 단칸방일지라도 우리들에게는 꿈과 희망이 자라는 보금자리였다. 큰 도로변에 위치한 작업장은 아이들에게는 위험천만한 환경이었다. 잠시도 아이들에게서 눈을 뗄 수 없는 상황의 연속이었다. 혼자 손으로 두 아이를 돌보기란 쉬운 일이 아니었다. 시장을 갈 때면 큰아이는 손을 잡고 걸리고 작은아이는 업고, 찬거리들을 들고 오기란 여간 어려운 일이 아니었다. 저녁을 지을 동안은 내가 직접 동화책을 읽은 것을 녹음해서 두 아이에게 들려주었다. 매일 들려주다 보니, 큰아이는 이제 제법 말을 할 때라 그 내용들을 외우고 있었다. 저녁에 남편이 지친 몸으로 돌아와서는 아이의 글 외우는 소리를 들으면 얼굴에 함박 웃음꽃이 피었다. 어려운 처지의 두 사람이 만나 현실은 팍팍하고 힘들었지만 두 아이를 보면 세상시름 다 잊을 수 있는 행복한 순간이었다.

그 시절 우리 아이들을 떠올리며 귀여운 아가를 보고 있으려니, 저 앞에서 남편이 걸어오고 있다. 다른 방향으로 걸어 왔지만 우리는 지금 자동차 앞에서 마주쳤다. 나는 팔을 들어 손바닥을 벌렸다. '하이파이브' 오랜만에 마음이 통했다. 항상 다른 곳을 보는 것 같아서 불평을 했는데, 오늘 처음으로 느낀다. 부부는 입장차가 있어서 다른 곳을 보는 것 같아도 목표 지점이 같고, 다른 길을 걸어도 도달점은 같기에 이렇게 마주보며 웃을 수 있다는 것을.

말을 하지 않아도 알 수 있는 사이, 측은지심이 생기는 사이, 우리는 오래된 부부. 마음 한 편에는 아직 꺼지지 않은 불씨가 남아 있었다.

콩과 목련

장작이 아름다운 빛을 내며 솔솔 잘도 탄다. 한 말들이 양은솥은 머리 위에 나무 등걸을 걸치고 눈물을 뚝뚝 흘린다. 몇 시간째 장작불을 살핀다. 춤추듯 피어오르다 사라지는 불꽃이 참 예쁘다는 생각에 넋을 놓고 바라본다. 마침내는 재가 되어 사르르 내려앉는 나무의 본모습이 떠오르는 순간, 마음 가운데 한 줄기 애잔함이 일어난다. 세상사 인연 따라 만나고 흩어진다 하는 말이 있지만, 오늘 이런 기막힌 만남에 경이로움마저 느껴진다.

매년 시골 원두막에서 콩을 삶아 메주를 만든다. 올해도 변함없이 짚으로 메주를 묶을 각시를 만들고, 콩을 불려 솥에 넣고

日暖風和

불을 지폈다. 이게 시간이 엄청 오래 걸리는 작업이다. 콩이 무르게 익을 동안 우리들은 삼겹살에 소주잔을 기울이며 늦가을의 정취에 흠뻑 젖어든다.

지난 봄, 밭고랑에 검은 비닐을 씌우고 콩 낱알을 서너 개씩 넣고 흙을 덮어 주었다. 하늘엔 산비둘기들이 눈독을 들이며 선회하고 있다. 며칠 동안 마음을 졸이며 기다렸다. 마침내 흙덩이를 밀어올리고 떡잎이 쏘옥 얼굴을 내밀자 새들이 기다렸다는 듯이 '똑딱' 따먹어 버린다. 가냘픈 밑둥만 남은 싹을 뽑아내고 다시 씨를 뿌리고 몇 번을 반복한 끝에 겨우 본 잎이 하늘을 향해 기지개를 폈다. 파릇파릇 예쁜 잎은 이슬을 머금고 무럭무럭 자랐다. 콩은 풍성한 가을을 맞이할 양으로 열심히 콩꼬투리를 매달았다. 여름의 훅훅 달아오르는 열기와 가뭄은 고통의 나날이다. 어려운 난관을 견뎌낸 앙증맞고 귀여운 콩알들이 또르르 구르며 쌓일 때 그 뿌듯함이 얼마나 대단했을까, 이렇게 삶기는 처지가 될 줄도 모르고.

콩이 펄펄 끓어 넘치려 한다. 가마솥이라면 뚜껑의 무게가 있어 좋은데 양은솥이라 나무 등걸로 위를 눌러 주었다. 들썩거리던 뚜껑은 조용해지고 솥에서 맑은 물줄기가 조르르 흐른다. 불 조절을 하면서 지켜본다. 뜨거운 솥에서 삶기고 있는 콩과 불타고 있는 장작의 만남, 이 순간을 생각이나 했을까. 지금 장작이 되어 활활 타고 있는 나무가 목련이기에……

'목련' 하면 이른 봄 잎보다 먼저 맑고 청순한 꽃봉오리를 마른 가지에 피워내는 이미지가 떠오른다. 겨울에 지친 사람들에게 희망을 안겨주는 봄의 전령사이다. 목련꽃을 보면 저마다 "와! 예쁘다." 하는 환호성과 함께 가슴에는 기쁨으로 가득 찬다. 목련으로서는 얼마나 자랑스러웠을까. 시인 묵객들이 목련꽃을 노래하고 어른에서 어린아이까지 목련꽃을 칭송하지 않는 이가 없다. 대단한 자부심으로 꿋꿋하게 마당 한 자리를 지켰다. 세월이 흘러 거목이 된 목련은 기세등등하게 지붕을 덮고 골목까지 가지를 드리운다. 봄이 되면 화려한 꽃 잔치는 장관을 이루었다. 넓은 들판에 뿌리를 내렸다면 그 수령이 몇 백 년이라도 가련만, 가엽게도 이제 콩을 삶는 장작이 되어 마지막 불꽃을 피우고 재가 되고 있다.

당나라 시인 이백은 '천지天地는 만물이 쉬어가는 객사요, 광음光陰은 백대百代의 길손' 이라고 노래했다. 부지깽이로 불꽃을 갈무리하며 상념에 잠긴다.

참으로 우리네 인생 같다는 생각이 든다. 내 안에 천지간에 잠시 잠깐 쉬어가는 콩알 같은 인생도 있고, 목련 같은 인생도 있는 듯하다. 둘은 다른 듯하지만 결국은 하나이다. 한 알의 콩이 되기 위해 산비둘기가 눈치 채지 못하게 어린 잎을 밀어올리고 뜨거운 태양 아래 단비를 기다리듯이, 젊은 날 수많은 위기와 고달픔을 인내로 견딘다. 다른 한편으론 조그만 칭찬에도 의기양양하던 지난날이 목련을 닮았다. 치열하게 살아왔던 삶의 화려한 꽃 잔치는 자식을 길러 성혼을 시키는 날 절정을 이루었다.

목련이 고목이 되어 베어지고, 다시 아름다운 빛을 내며 타기까지는 몇 번의 봄을 꽃도 피우지 못한 채 지났다. 다시 여름이 가고 겨울을 보내며 찬바람 더운 열기에 온몸의 진기를 응축시켰다. 드디어 매캐한 연기도 없는 아주 좋은 장작이 되었다.

마지막 여생은 목련나무 장작이고 싶다. 고달프고 아팠던 습기들을 봄 향기에 날려 보내고, 뜨거운 여름날 태양열에 흡수되고, 가을 단풍의 소슬한 바람에 내피를 수축시키고, 겨울날 설한풍에 안으로 상서로운 기운을 모으면서 이렇게 몇 년을 잘 지나면 향기가 나는 장작이 되려나.

드디어 콩이 노릇하게 익었다. 자루에 넣고 짓이겨서 틀에 넣고 단단해지도록 눌러 주었다. 메주는 못생긴 이의 대명사로 쓰이지만 정작 만들어 놓고 보면 정말 예쁘다. 반듯하게 각진

모서리를 부서지지 않게 잘 다듬는다. 완성된 메주를 질서정연하게 세워놓고 흐뭇하게 바라본다.

콩도, 목련나무도 각자 본연의 모습은 버렸다. 자신을 태워서 재가 되고, 고난의 결정체인 콩알이 익히고 삶겨져서 연기緣起체인 새로운 모습으로 태어났다. 이제 발효가 되면 세상에 둘도 없는 귀한 맛이 생성되겠지. 팍팍한 환경에 연약한 모습이었거나 화려하고 우뚝한 자태일지라도, 그 기한이 다하면 또 다른 형상으로 끊임없이 이어지는 자연의 모습에 숙연해진다.

콩과 목련과 메주여.

아름다운 소녀

봄 햇살이 살며시 창틈으로 스며드는 오후다. 중환자실의 침울하고 어두운 공기를 걷어내는 맑은 소리가 울려 퍼진다. 대화라고는 "으~으 으" 도저히 알아들을 수 없는 말이 전부다. 하지만 소녀의 표정은 너무나 밝고 다정한 아름다운 얼굴이다.

친정 모친이 뇌졸중으로 병원에 입원해 계신다. 모두 다 바쁘다는 핑계로 간병인에게 맡기고 잠깐씩 들르는 것이 우리가 하고 있는 전부이다. 어릴 적에 어머니는 내가 열이라도 나는 날이면 머리맡에서 밤을 꼬박 새우곤 하셨다. 이제 당신이 병이 나서 병상에 누워 있으니 손잡고 한 나절을 못 지키고 병실 문을 나서곤 한다.

그 날은 마침 일요일이라 많은 시간을 보낼 수 있었다. 병실을 찬찬히 둘러보았다. 아홉 개의 병상에는 자신의 몸을 가눌 수 없는 환자만이 간병인의 손길을 기다리고 있었다. 쿨럭거리는 환자, 큰일을 보고도 어쩌지 못하는 환자, 고개가 베개 밑으로 끼어 불편하다고 낑낑거리는 환자, 간병인 한 사람이 돌보기에는 너무나 힘에 부치는 현상이었다. 그러나 간병인은 밝은 얼굴로 "어르신, 어디가 불편하세요?" 하면서 친절히 대한다.

마침 바로 옆 병상에는 한 소녀가 다정하게 환자에게 이야기를 하고 있었다. 그러나 무슨 말인지는 알아들을 수가 없었다. 소녀는 지체장애였다. 마음이 짠하다. 비록 몸은 자유롭지 못하지만 애틋한 얼굴로 아무도 지키지 않는 병실을 그렇게 하루 온종일 끝없이 이야기를 들려준다.

저녁 시간이 되자 아들과 며느리가 왔다. 며느리는 오자마자 환자를 나무라고 있다. 한 번도 아니고 몇 번을 타박만 준다. 소녀는 아무 말도 없이 그저 환자만 바라보고 있다. 환자는 식사도 제대로 못 하고 설사까지 겹쳐서 탈진이 되어 그러한 것을, 이십사 시간 지켜주는 간병인 앞에 우리들은 죄인일 뿐이다.

상황을 알고 민망해하던 며느리와 소녀 일행은 돌아갔다. 갑자기 병실 안이 고요해졌다. 병실에는 형광등 불빛 아래 움직일 수 없는 환자들과 아직도 열심히 환자를 돌보는 간병인이 있을 뿐이다. 처연한 고요 속에 "으~~~으으" 온 마음을 다해서 이야기하는 아름다운 소녀의 대화가 그리워졌다.

蕙任堂

땅끝 마을

끝은 또 다른 시작이다.

땅끝이라는 이 말은 나의 호기심을 자극했다. 땅끝이면 당연히 바다이겠거니 하던 고루한 생각을 깨어나게 했다. 육지의 끝자락, 땅끝 마을은 우주적 시야로 바라본 태곳적 신비를 간직한 아늑한 마을이다.

아침 7시에 땅끝 마을을 향하여 길을 나선다. 목적지는 전남 해남군 송지면 송호리. 집에서 장장 340km의 거리다. 대구에서 출발하여 해남까지 가려면 광주를 거쳐서 해남군으로 들어가는 길이다. 소요되는 시간을 5시간 정도로 예상하고 일찍 서두른다.

여행이란 항시 낭만과 설렘이 있다. 오랜만에 가져보는 부부 단둘만의 나들이이기에 더욱 그러하다. 예전과 달리 손수 준비를 하고 서둘러 길을 나선다. 고마운 일이다. 우리에게도 새로운 시작이 되려나.

새로 개통한 광주대구고속도로를 타고 달린다. 편도 일차로이던 도로가 이차로로 확장되어서 막힘없이 시원하게 뚫려 있다. 양옆으로 몽글몽글 순백의 이팝나무 꽃송이가 풍요롭다.

휴게소에 들러 오징어포를 샀다. 운전하느라 수고하는 남편에게 조금씩 뜯어서 주었다. 짭짤한 맛이 더욱 흥을 돋운다. 내비게이션 안내가 있지만 나는 인간 내비가 되어 조잘조잘 풍경을 설명하며 안내를 했다. 내가 언제 이렇게 말이 많았지. 스스로도 놀란다. 광주를 지나 나주 13번 국도에는 가로수로 소나무를 심어놓은 것이 신기하다. 노송이 되면 얼마나 운치가 있을까 상상해 본다.

거의 12시가 될 무렵, 해남군 땅끝 마을에 도착했다. 주차장 입구에서부터 차가 밀리기 시작한다. 겨우 차를 대고 전망대로 올라가는 모노레일을 탔다. 모노레일 양옆으로 송화가 활짝 피어 마치 우리를 반겨주는 듯하다. 전망대에서 바라보는 다도해는 뿌연 안개 속에 점점이 흩어져 떠있다. 저 멀리 고산 윤선도의 보길도가 보인다. 오우가와 어부사시사를 떠올리며, 전망대에서 내려와 땅끝탑을 향하여 계단을 내려갔다.

땅끝탑은 계단을 500m쯤 내려가야만 한다. 시작부터 망설여진다. 무릎이 약간 자신이 없었지만 여기까지 5시간을 달려온 것을 생각하면 포기할 수는 없지 않은가. 용기를 내어 한 계단씩 내려갔다. 계단을 만들면서 인체공학적으로 설계를 했다는 것을 알 수 있었다. 숨이 가빠지고 다리에 근육이 뭉칠 때쯤 쉬는 공간을 만들어 두었다. 아주 적절하게 조절을 하면서 내려갈 수 있었다. 고맙고 감사한 일이다.

수고한 분들의 덕택으로 드디어 땅끝점에 도착했다. 땅끝 기점 북위 34도 17분 21초. 그렇게도 와보고 싶었던 곳이다. 친절하게도 우리나라 전도를 거꾸로 세워서 지금 내가 있는 위치를 하트로 표시를 해주고 있다. 땅끝탑과 땅끝점을 어루만지니 감개가 무량하다. 그 옛날 우리의 선조들은 걸어서 남쪽으로 살기 좋은 곳을 찾아 내려오다가 바다를 만나 더 이상 나아가지 못하고 여기에 정착하고 살았을까. 오면서 곳곳에 걸려있는 글귀 하나 '끝은 희망이다' 바다와 마주했을 때 용기를 내어 바다로 나아가거나 다시 북쪽을 향하여 희망을 가지고 가꾸어 왔을 땅끝 마을.

땅끝점을 잡고 저 멀리 바다를 바라본다. 끝점에 와서야 우리는 하나임을 느낀다. 모두가 낯선 사람, 그 속에 오직 한 사람만을 보게 된다. 레일을 탈 때도, 계단을 오를 때도 보이지 않으면 찾게 된다. 너무도 익숙해진 두 사람이라, 평소에는 있어도 있는 듯 없는 듯 무디어진 사이였던 우리가 잠시라도 보이지 않으면 눈이 휘둥그레진다. 우리에게 애틋함이 숨어 있었던 것을 스스로도 몰랐다. 땅끝점을 찍고 유턴을 하면서, 우리 부부도 그 옛날 신혼 때로 유턴을 시작하나 보다.

단칸방 신혼살림에 첫 아이를 제왕절개로 얻고는 미역국은 고사하고 수제비로 헛헛한 빈속을 채우던 그 시절, 안타까워 말없이 꼭 잡아주던 남편의 그 손이 지금 계단을 오르며 잡아주고 있다.

늦은 점심을 먹었다. 세 시간여의 걷기를 마치고 식당에 마주 앉았다. 갑자기 시장기가 돌았다. 해남 인심만큼이나 푸짐하고 맛깔스러운 정성을 먹었다. 코끝이 싸한 홍어와 가자미 튀김에 멍게, 해삼, 물회 등등. 마지막 백미는 우럭회로 입맛이 즐겁다. 오랜만에 호사를 누려본다.

땅끝 마을 먼 길을 찾아왔다. 여기서 우리는 희망을 보았다, 끝일 것 같지만 그것은 또 다른 시작이라는 것을.

보이지 않는 힘

마음이 울적할 때면 도산서원을 찾는다. 그곳에는 '바람에 도 흔들리지 않는 뿌리 깊은 나무' 같은 힘이 깃들어 있다. 서원으로 가는 길은 예사롭지 않다. 울창한 삼림을 바라보며 이 길의 끝인가 싶으면, 또다시 우리의 정취가 물씬 풍기는 정겨운 곡선을 이루면서 굽이굽이 새로운 길이 열린다. 휘어진 적송은 서책을 펼쳐 든 선비의 고고함이 묻어나 한 편의 고시를 연상케 한다.

도산서원은 배산임수로서, 뒤로는 아름다운 산이 보호하듯 둘러있고 앞에는 안동호가 펼쳐져 있다. 탁 트인 안동호 저 멀리에는 도산별과를 보았다는 '시사단' 이 그림처럼 자리하고 있다.

장병들이 단체로 관람을 왔다. '시사단' 을 향해서 도열한 장병들을 보니 든든한 마음에 그 옆으로 가까이 갔다. 제법 따가운 햇살에도 개의치 않고 해설사로부터 도산별과를 치른 정조임금 당시의 상황을 열심히 듣고 있다. 어제의 선비정신이 오늘에 이어져 내려오는 것을 본다.

장병들 곁을 지나 '운영대' 를 바라보며 마당에 들어섰다. 수령이 수백 년은 된 듯 운치를 더해주는 왕버들은 무언의 신비감으로 다가온다. 밑둥치에서부터 가지가 벌어져 힘겨워하는 가지들을 받침대가 지탱해 주고 있다.

정문을 지나니 바로 도산서당이다. 수수한 삼간 기와집이다. 마당 한편에 인공으로 만든 '정우당' 이란 연못이 눈길을 끌었다. 정방형의 연못에는 수련이 피었다. 그저 고요하기만 하다. 가만히 안을 살피자 조그만 움직임이 보였다. 몇 대를 이어왔는지도 모를 청개구리가 주인인 양 연잎에 올라앉아 인사를 한다. 객의 마음은 즐거워졌다. 단정하고 아담한 '완락재' 와 '암서헌' 은 출타한 주인이 금방이라도 돌아올 것만 같다.

협문을 통해 한 걸음 내딛으니 매화원이 펼쳐진다. 매화나무에는 푸르른 잎 사이로 작은 열매가 수줍은 듯 숨어있다. 겨우 내 설한풍을 이겨내고 화사한 자태를 자랑하며 춘풍에 향기를 전했으리라. 우리는 옛사람을 볼 수 없으나 옛사람이 보았던 매화나무를 보니 감회가 새롭다. 매화열매에서 희망이 열리고 있음을 본다. 매화나무의 여운을 가슴에 안고, 유생들이 거처하는 '농운정사' 를 둘러보았다.

옛 선인들의 지혜는 놀랍다. '농운정사' 는 그 모습이 工자 모양으로 지어졌다. 공부도 장인정신으로 하라는 깊은 뜻이 담겨져 있다고 한다.

정문에서 바로 보이는 전면에 '전교당' 이 자리하고 있다. '陶山書院' 이란 현판이 마음을 설레게 한다. 한석봉 선생의 친필이다. 400여 년의 세월을 뛰어넘어 옛 성현을 만나는 반가움에 전율이 느껴진다. 돌계단을 올라 전교당 앞에 서니 마음이 엄숙해지고, 저절로 옷매무새를 가다듬게 만든다. 대청 기둥에는 지나온 세월이 묻어 있고, 서까래의 단청이 퇴색한 것이 더욱 근엄함을 느끼게 한다. 강론하던 마루에 올라서서 사방에 걸려있는 편액들을 둘러보며 선현들의 옛 자취를 찾아본다. 이곳에서 유생들은 휴식을 취할 때면 장기라도 한 판 두었을까.

내면 깊숙이 자리하고 있는 한 장면이 떠오른다. 어린 아들을 앉혀놓고 아버지가 장기를 가르친다. 졸卒은 절대로 후퇴할 수 없다. 공격은 최선의 방어이다. 장기판에서 부자간의 한판 승부가 벌어졌다.

"포包장 받아라."

아버지의 공격에 아들은 쩔쩔맨다. 그때 포包는 포로 막아라. 아버지의 가르침이 계속된다. 어린 딸은 어깨너머로 배운다. 눈은 부지런히 장기판의 말들을 따라간다. 아들이 제일 쉬운 "차車장이요" 하자 아버지는 싱긋 웃으며 사士를 살짝 올린다. 사는 궁 밖을 나가지 못하며, 궁 안에서 장군을 지킨다. 아버지의 가르침에 딸은 조그만 사가 궁 안에서 장군을 지키는 것이 신기하다. 딸은 장기의 매력에 점점 빠져든다.

급변하는 문화 속에서 정체성에 혼란을 겪고 있다. 장기판을 놀이로 삼던 세대와 디지털 시대에 스마트폰까지, 세대 간에 정서가 너무 다르다. 어떤 것이 옳은 것인지, 마음에 심한 갈등을 느낀다. 그러나 이곳에 오면 모든 사람들이 경건한 마음으로 경배하고 관람하는 모습을 본다. 그 광경이 즐겁다. 겉모습이 어떠하더라도 본성은 선善이라는 것을 느낄 수 있는 시간이다. 남녀노소가 없고 피부색이 다른 외국인까지도 공감하는 장소이다.

때마침 문화해설사가 일본인 관광객에게 우리의 전통문화와

사상을 정성을 다해서 해설하고 있었다. 고개를 끄덕이며 경청하는 관광객들을 보며 자부심을 느끼는 순간이다. 흐뭇한 마음으로 '亦樂書齋' 라 쓰인 선생의 친필을 바라보았다. 아직도 먹물이 마르지 않은 듯이 선명한 느낌으로 다가온다. 보이지 않는 힘은 나를 흔들리지 않도록 바로 세워준다.

정명도/춘일우성 옅은 구름 바람이 살랑대는 정오 무렵/ 꽃 피고 버드나무 늘어진 시내를 지나는데/ 지나는 사람들 내 마음의 즐거움을 알지 못하고/ 한가한 틈을 타서 젊은이 흉내 낸다고 하네.

고치를 짓다

신비롭고 엄숙한 주검을 보았다. 만인의 추앙을 받는 신부님도 아니고, 큰스님도 아니다. 그는 일개 촌부일 뿐이다 그러나 그의 주검 위에는 자애로운 한 가장家長의 모습이 아련하다.

가을이 짙어가는 시월, 평화롭고 한가로운 일요일 오후다. 자주 울리지 않는 집 전화벨이 요란하게 울린다. "자네 시숙이 그만……" 시골 형님의 목소리는 떨고 있었다. 뇌종양으로 십 년을 고생하시던 시숙께서 생명의 끈을 놓아 버리고 편히 쉬게 되었다는 소식이었다. 손이 부르르 떨리고 가슴에서 뜨거운 기운이 온몸을 휘감는다. 정신이 아득해졌다.

남편과 함께 성주에 있는 장례식장에 달려갔다. 시숙은 이미 고인이 되어 영정 속에서 환하게 웃으며 우리를 맞이하고 있었다. 삶과 죽음이 찰나요, 순간이다. 영혼이 있어 우리의 호곡소리를 들으시는지 이제 우리와는 대화를 나눌 수 없는 신의 존재가 되었다.

어느 해 추석이었다. 마을에 풍악놀이가 시작되었다. 꽹과리 소리를 신호로 둥둥 크게 울리는 북소리, 휘모리장단의 장구 소리에 어깨춤을 들썩이는 소고까지 한마당 춤판이 벌어졌다. 그때 신명나게 두드리던 시숙의 북소리는 엄마 등에 업힌 아기까지도 팔을 들고 장단을 맞추게 했다. 모내기철이면 물꼬 때문에 싸우던 아낙네들도 덩실덩실 춤을 추며 돌아간다. 부끄러워하는 제수弟嫂들도 춤판으로 끌어들인다. 밤이 이슥하도록 한바탕 놀고 나면 그동안 쌓였던 감정들은 웃음꽃으로 피어난다. 마을의 화합의 장에는 늘 시숙이 있었다. 영정 속의 시숙은 그때처럼 환하게 웃고 있다.

다음 날, 이른 아침에 고인의 마지막 단장을 했다. 고인의 지어미와 네 아들과 네 며느리, 동생들과 제수들이 애틋한 마음으로 지켜본다. 명주로 만든 도포에 고깔을 쓰고 버선을 신고 평온한 자세로 누워있다. 세상의 모든 근심 걱정 다 내려놓으니 이렇게 평화로울 수가! 도와주시는 분의 경건한 손놀림이

한 치의 흐트러짐 없이 온몸을 감싼다.

이제 시숙과 함께, 우리 세대가 끝나는구나 하는 절망감이 더욱 나를 못 견디게 했다. 생전에 팔 남매의 맏이로서, 시골 농부로서 그 고생은 이루 말로 다 할 수 없다. 눈만 뜨면 밭에 나가 일하느라 손은 거북이 등껍질 같았다. 반듯하게 양복 입고 외출 한 번 못 해본 시숙이다. 옆에 식구가 그것을 알아주면 마음의 위안이라도 되련만 그것도 여의치 않았다. 고부간의 갈등은 시숙을 더욱 힘들게 했다. 책임감에 억눌리고 형제에게 지탄받던 모진 세월이 이렇게 허망할 수가 없다.

수의를 다 입히고 한 겹 또 한 겹 싸기 시작한다. 우리들의 슬픔도 같이 싸고 있다. 점점 변해가는 시숙의 모습에서 나뭇가지 끝에 대롱대롱 매달려 있는 유리산누에나방이 겹쳐 보이는 것은 무슨 까닭인가. 마치 애벌레가 입에서 실을 뽑아 단단하게 고치를 짓는 것 같다, 명주로 좌우를 겹쳐서 엮어 나가는 것이, 아름다운 무늬를 이루며 점점 고치의 모습이 되어가고 있다. 유리산누에나방은 스스로 고치를 지어 때가 되면 부화를 한다. 그 모습은 날개에 유리처럼 네 개의 투명한 점이 있어 예쁘게도 생겼다. 헌데 우리 사람은 남의 손을 빌려 고치가 되고 있다. 고치가 되면 언제쯤 부화를 하는 걸까. 아니면 영원히 부화를 못 하는 걸까. 시숙은 마침내 완전한 고치가 되었다.

빈소에는 문상객들의 발길도 끊어지고 밤은 점점 깊어갔다. 내일이면 한 인생이 역사 속으로 사라진다. 한 집안의 기둥이 무너지고, 버림받은 고아가 된 듯 허전한 마음을 가눌 수가 없다. 할 말을 잊고 그저 영정만 바라보고 있다. 그때 두런두런 이야기 소리가 났다.

술상을 가운데 두고 조카들과 질부들, 저희 사촌들까지 모여서 이야기를 나누고 있다. 이제는 모두 다 장성한 아이들이다. 큰조카가 집안의 장자로서 사촌들과 형제들에게 자신의 심정을 토로하고 있다. 앞으로 모든 형제들에게 우애로써 대할 것이며 집안을 잘 아우르겠다는 뜻으로 동생들을 위로하고 있었다.

순간 나는 느꼈다. 이제까지 철없던 조카가 갑자기 어른이 되었다. 그것도 한 집안의 기둥이 되려고 애쓰고 있다. 나는 조카의 모습에서 시숙을 느꼈다. 고치가 벌써 부화를 하고 있음을 보았다. 우리 사람의 부화는 이런 것이구나. 망인의 뜻을 기리고 함께했던 시간들이 우리의 가슴속에 살아서 날개가 돋아나고 있었다.

유택은 어머님의 산소 옆이다. 어머님이 그렇게도 아끼시던 맏아들, 이제 어머님 곁에서 편안히 잠드시게 되었다. 영정을 앞세우고 꽃상여를 타고 "이제 가면 언제 오나 어~여 어~여" 상두꾼의 구성진 앞소리에 상주와 백관들이 손수건을 적시며 따르고, 마을의 아낙들과 고인의 친구들이 그 뒤를 따른다. 마지막 가시는 길에도 우리들의 화합을 이루게 하고 있다. 힘든 가운데서도 형제간에 우애 있기를 바라시던 그 뜻을 우리들에게 맡기고 영면하셨다.

삶과 죽음이 하나이다. 육신은 비록 흙으로 돌아간다 하지만 그 정신은 영원한 것이리라. 고치에서 부화하여 찬란한 날갯짓을 하고 있다.

여정

밤은 고요를 넘어 적막하다. 창문을 활짝 열었다. 시원한 바람과 새까만 하늘이 와서 안긴다. 후두 둑, 탁탁, 턱, 틱, 형언할 수 없는 소리들이 화음을 이루며 빗방울이 떨어지고 있다. 무명의 세계에서 의지와는 상관없이 새로운 세상에 이르는 소리이다. 왜 왔는지, 어디로 가는지 알지 못하고 빗물이 되어 흰빛을 띠며 콘크리트 보도 위를 질펀하게 흐른다.

동생의 수술을 앞두고 팔공산 동화사를 찾았다. 산골짜기 숲 속에서는 빗방울들이 나뭇잎을 흔든다. 떨어진 빗방울들이 작은 실개천이 되어 도란도란 속삭이며 흐른다. 해탈교 난간에서서 가만히 귀 기울여 듣는다. 계속해서 흘러가는 물들이 신기하기만 하다. 어디를 저리도 끊임없이 가는가. 흐르는 방향 따라 반대편 난간으로 가서 물이 내려가는 뒷모습을 처연하게 바라본다. 고요하게 흐르던 물이 갑자기 바닥에 솟아 있는 돌부리에 걸려 하얗게 질리면서 산산이 부서진다. 위로 솟구쳐 오르면서 아우성을 친다. 콸콸콸 앞의 물들이 이렇게 부서지는 줄도 모르고 그 뒤를 평화스럽게 흘러오는 물. 아무런 저항 없이 물은 계속 흐른다. 얼마 가지 않아 다시 조용해지며 굽이굽이 흐르는 물을 보면서, 우리네 인생도 이와 같다는 생각이 든다. 한 치 앞을 모르고 흘러 내려가는 물처럼 내일의 일을 알지 못한다. 오늘이 세상 끝인 것 같다가도, 아무런 일 없는 듯이 평온한 날이 돌아올지도 모른다는 희망을 가져 본다.

뇌졸중으로 쓰러진 어머니는 비가 억수로 내리는 날 조용히 우리 곁을 떠나갔다. 푸른 잔디이불을 덮고 영면하신 어머니, 이제 아무 일 없었던 듯이 고요하다. 자식들 아플까 노심초사하는 마음도 내려놓고, 자식들 배고플까 동동거리던 마음도 내려놓았다. 돌부리에 걸려 하얗게 부서지는 아픔을 애써 감추고 괜찮다, 괜찮다 하시던 어머니. 그때는 왜 진정으로 들었을까. 아마도 듣고 싶은 말만 듣고, 보고 싶은 것만 보는 것이 우리 자식들인가 보다.

가족들이 모두 출근하고 아무도 없는 아파트에서 늦은 저녁까지 하루 온종일 대화할 사람도 없이 지냈다. 고독을 즐길 여력도 없는 노쇠한 몸으로 감당하기에는 힘든 시간들을 함께하지 못한 죄스러움이 가슴을 파고든다. 아마도 내가 받을 형벌일 것 같다.

어머니와의 사별의 아픔이 채 가시지도 않았는데, 동생이 직장암 3기라는 진단을 받았다. 암에 대한 아무런 상식이 없는, 그저 먼 나라 이야기로만 알았다. 그러한 우리에게 검진결과가 나오던 날, 환자와 보호자인 우리들보다 더 긴장한 주치의의 목소리는 떨리고 있었다.

"너무 걱정하시지 않아도 됩니다. 수술은 로봇수술도 있고, 6개월 후 방사선 치료를 하시면 됩니다."

의사의 목소리에서 병의 심각성을 느낄 수 있었다. 다리가 후들거려 걸을 수가 없었다. 내가 이러한데 본인은 심정이 어떠할까. 아직 젊은 나이에 한 번도 상상해 보지 않은 일이 일어났으니 믿어지지가 않는다. 꿈같은 일이 현실이 되어 수술 날짜가 정해졌다.

무명의 세계에서 떨어지는 빗방울 같은 인생이다. 검은 하늘에서 떨어진 물방울이 대지를 적신다. 모든 식물을 자라게 한

晚秋佳色

蕙任堂

다. 논으로 흘러들어 곡식을 키우고 과수에 꽃을 피우고 열매를 맺게 한다. 강물이 되어 물고기도 키운다. 거대한 폭포가 되어 장관을 이루기도 한다. 마침내는 바다에 이르러 커다란 배를 띄우며 막강한 힘을 보여준다. 잠시라도 머무르지 않고 수많은 생명의 원천이 되어 흐른다.

우리네 인생은 의지와는 상관없이 어머니 뱃속에 들어 아무런 준비 없이 세상과 만난다. 어떠한 환경에서 어떻게 살지 전혀 알지 못한다.

유독 애정이 많은 동생이다. 우리라는 울타리에서 벗어나 새로운 가정을 이루는 형제들에게 끈끈한 정을 차마 끊지 못하고, 헤어지는 것을 마음 아파 하던 순진무구의 사랑을 가진 사람이다. 그 사랑을 자신의 자녀들에게도 다 베풀지 못했다. 아직은 가꾸고 열매 맺게 해야 할 일들이 많이 남아있다. 지금은 돌부리에 걸려 '앗' 하고 비명을 지르지만, 흐르는 물처럼 하얗게 물보라를 일으키며 다시 평온해질 날이 오리라. 간절한 마음으로 가만히 두 손을 모은다.

창 밖에 가로등 밑의 물방울들이 반짝거리며 흐른다.

두려운 안개

안개가 점점 심해지고 있다. 사물은 부옇게나마 볼 수가 있지만 글을 읽을 수가 없다. 글을 읽지 못한다는 것이 이렇게 마음이 답답할 수가 없다. 운전도 할 수가 없다.

처음 이런 현상이 생겼을 때는 안개 낀 새벽에 운전을 하는 것으로 생각하고 가까운 거리는 볼일을 보러 다녔다. 하지만 이제는 운전을 한다는 것은 나만이 아니라 다른 사람도 위험에 빠뜨릴 수 있다는 생각이 든다. 책도 읽을 수 없고 카페의 글도 읽을 수 없다. 학생들 한문 공부도 잘 가르치지 못한다. 문제풀이 할 때도 그저 희미한 그림자 같은 것을 그동안 공부했던 것이라 짐작으로 읽어주고 있다. 공책에 글씨를 써줄 때도 다행히 알고 있는 글자들이라 어림으로 써 주어야 하는 형편이다. 이런 시간들이 얼마나 지속될 수 있을지 알 수가 없다.

결국은 수술을 해야 한다고 한다. 무척이나 두렵고 힘이 든다. 하지만 아직 아이들에게 얘기를 못 하고 있다. 마음은 아프다고 두렵다고 말하고 싶은데, 전화가 오면 말도 못 하고 잘 지낸다며 명랑하게 받는다. 하지만 수술을 하게 되면 결국 이야기를 해야 할 것 같다. 진작 말하지 않았다고 놀라고 원망을 하겠지만, 그래도 걱정을 끼치기는 싫은 것이 어미의 마음이다.

여러 가지 고민이 앞선다. 요즈음은 의술이 좋으니 어쩌면 아무렇지 않게 정상으로 될 수도 있다는 희망을 가져본다. 그래서 학생들에게도 아직은 내색을 하지 않는다. 불편한 것이 이만저만이 아니다. 학생 아이들의 얼굴이 흐릿하게 보인다. 하루에도 열두 번은 더 마음을 추스른다. 지금 이 상태도 감사한 일이다.

시험 삼아 눈을 감고 학원 문을 나와 보니 저절로 손으로 더듬게 된다. 눈을 뜨면 흐리지만 사물은 볼 수 있으니 얼마나 다행한 일인가. 아무런 내색 없이 학원을 마치고 저녁 준비를 하려니 울적한 마음을 가눌 수 없다. 하지만 대신 해 줄 사람이 없으니 하소연도 못 한다.

이런 날들이 2주 이상 지속되었다. 마음은 점점 더 불안해진다. 꿈속 같은 이 상황이 빨리 지나가면 좋겠다. 누구를 원망할 일도 아니고, 세월을 탓할 일도 아닌데 자꾸만 화가 난다. 하지만 마음을 최대한 안정되게 하려고 심호흡을 한다. 눈에 더욱 나쁘게 작용할까 염려가 되어서다. 이미 상황은 돌이킬 수 없게 되었는데 제2, 제3의 영향을 받으면 안 된다고 마음을 다잡아 본다. 옆의 가족들에게 고통을 주지는 말아야 한다. 태연하게 잘 지내다가 수술을 받으면 아마도 환한 세상이 다시 돌아올 테지. 희망을 가지자. 연전에 백내장이 아주 심해져서 수술을 받기 직전에 썼던 글이다. 이제 와서 돌아보니 감개가 무량하다.

옛날에는 '당달봉사' 라는 말이 있었다. 눈을 뜨고도 앞을 볼 수 없는 경우를 말한다. 생각만 해도 아찔하다. 이렇게 밝은 세상을 다시 볼 수 있게 되었으니 얼마나 감사한 일인가. '몸이 천 냥이면 눈은 구백 냥'이라는 말이 있다. 소중한 나의 눈, 생을 마치는 그 날까지 갈무리를 잘 하리라.

왕버들

여러 가지 나무가 있지만 그 중에서도 왕버들처럼 애잔함을 느끼게 하는 나무가 또 있을까. 뿌리를 습지대에 두고 밑둥치는 용틀임하듯 엉켜있다. 밑둥치를 의지하며 뻗쳐 올라간 가지에는 싱그러움을 자랑하는 잎들이 무성하다. 오랜 세월 늪 가장자리를 지키며 철새들의 안식처가 되기도 하는 왕버들은 우포늪의 명물로 자리매김했다.

왕버들은 창녕 우포늪 전망대를 지나가다 보면 늪 가장자리에 의연하게 서있다. 우포늪은 약 231ha의 늪 속에 수많은 생명체들이 생성과 소멸을 거듭하며 1억 4천만 년을 이어왔다. 무수한 세월을 지나는 동안 왕버들은 나무이면서 하필이면 뿌리를 습지에 두고 모진 고통을 감내하며 살았다. 물길에도 쓰러지지 않고, 균형을 잡아주려고 안간힘을 쓴다. 키가 자라기보다는 밑둥치가 뒤틀리고 엉켜서 기울어지지 않고 버티고 있다.

우리는 대개 나무라면 송백을 일컬으며, 그 기상을 칭송한다. 송백은 높은 곳에 있어서 티끌이나 먼지가 날지 못하기에 그 품위를 잃지 않는다. 형형색색 아름다운 단풍은 산과 들에 절경을 이룬다. 유실수는 봄을 맞이하는 환희의 기쁨과 더불어 풍성한 열매를 선사한다. 이러한 나무들도 쓰러지지 않으려고 뿌리를 사방으로 뻗어 자신의 몸을 지탱한다. 나무는 찌는 듯한 더위와 살을 에는 추위를 이겨낸다. 뿌리로 균형을 잡고 주위 환경과 조화를 이루어서 스스로 대자연의 일부가 된다.

왕버들을 바라보면 지나온 세월의 흔적이 고스란히 느껴진다. 연약한 뿌리로 둘레를 휘감고 있는 물속에서 휩쓸리지 않으려고, 이리 뒤틀, 저리 뒤틀 균형을 잡으며 잘도 자랐다.

바람에 흔들리는 나뭇가지를 본다. 잎들의 생명력이 넘친다. 밑둥치의 살아 꿈틀거리는 처절함에 가슴 한쪽이 시리고 아프다.

왕버들은 다른 나무들처럼 좋은 땅에서 뿌리를 내리지 못했다. 하지만 주어진 조건에 순응하며, 살아온 아픔의 흔적들이 마침내는 오묘하고 아름다운 기품을 지녔다.

지난날 나는 어리석게도 내게 주어진 환경을 원망하며 살았다. 이루지 못한 꿈들은 가슴에 차곡차곡 한으로 키웠다. 그것이 도리어 나의 발목을 잡는다는 것을 깨닫지 못했다.

'아무의 눈에도 띄지 않는 패랭이꽃을 자신에 비유' 하여 자신의 처지를 슬퍼했다는 정습명의 「석죽화」를 읊으며 밤을 지새우기도 했다.

왕버들은 자신의 처지를 비관하지도, 벗어나려고도 하지 않았다. 비바람이 불면 더욱 뿌리를 깊게 내리고, 따사로운 햇볕이 쏟아질 때면 영양분을 흠뻑 흡수한다. 모든 생물이 봄을 기다리며 깊은 잠 속에 빠져들 때도 그는 예쁜 싹을 틔우기 위해 습지의 냉기에도 몸속의 열을 발산하여 생명을 품고 있다. 아름다운 외관이 아니어도 상관은 없다. 칭송하며 찾아주는 이가 없어도 관계찮는다.

우포늪에서는 선버들과 함께 새들의 유일한 안식처로서 자부심도 있다. 늪의 자정능력을 길러 주는 왕버들에게는 여름밤 우포늪을 밝혀주는 반딧불이를 보는 즐거움 또한 클 것이다. 가을, 겨울 수만 마리의 철새가 떼 지어 날아오는 장관을 볼 수 있으니, 그 삶이 권태롭지 않을 것이다. 늪 속의 작은 미생물에게는 삶의 터전을 마련해 주는 은혜를 베풀고 있으니, 더없이 높은 존재가치를 느낄 것이다. 왕버들은 악조건 속에서 자연을 이겨내는 것이 자신의 삶의 원천이다.

그로 인해 얻어지는 보람과 즐거움은 그만의 즐거움이 아니라 우포늪의 생명력을 더해 줄 것이다.

패랭이꽃도, 왕버들도 슬퍼할 대상이 아니다. 그들이야말로 자연 속에서 묵묵히 자신들의 역할을 다하는 숭고한 정신을 지니고 있다. 설한풍에 우뚝 선 송백이 아니어도 좋다. 절경을 이루는 단풍이 아니어도 괜찮다.

습한 곳을 벗어나지 못하는 왕버들일망정 뿌리를 굳건히 내리고 싶다.

팔우당

"조금 더 왼쪽으로, 아니야 오른쪽으로 약간만."

농막 짓기의 마무리 작업으로 현판을 걸었다.

인간이나 동물이나 회귀본능이 있나 보다. 금년에 칠순을 맞이하는 남편이 유달리 어린 시절 함께 뒹굴며 고달픈 시간을 보냈던 형제들을 그리워한다. 원두막에서 1박 2일 일정으로 같이 시간을 보내자고 초청을 했다. 초여름이 좋겠다는 여러 사람의 의견이 있었다.

동생들을 맞이할 준비로 그동안 미루어 오던 농막을 짓기 시작했다. 농막 지을 곳은 밭이라 습기가 제일 문제다. 이중 삼중으로 처리를 하여 기초공사를 했다. 그 위에 여섯 평 남짓한 농막을 지었다. 꿈에 부푼 남편은 농막 앞에 잔디도 심었다.

허술한 농막일지라도 당호를 짓고 싶었다. 온갖 당호들이 떠오른다. 보잘것없는 농막에 가당치도 않은 일이라 생각할 수도 있다. 하지만 며칠 전 읽은 글에서, 원두막에 '행하당'이란 당호를 부르는 풍류가 멋있게 느껴져 흉내를 내보고 싶어졌다. 책력을 바탕으로 농사를 짓고, 밤이면 원두막에서 별자리를 보며 시라도 한 수 읊으면서, 원두막의 이름을 행하당이라 부르지 않았을까. 옛 선인들의 풍류를 만분의 일이라도 느낄 수 있고, 팔남매의 우애를 나누는 집이란 뜻을 담은 '八友堂'이란 이름으로 부르기로 했다. 붓글씨로 써서 각을 하였다. 제법 그럴듯하다. 소박하지만 형제애를 담을 수 있는 이름인 것 같아 괜찮아 보인다.

소도 비빌 언덕이 있어야 한다는 옛말이 있다. 농막을 비빌 언덕으로 삼아 서울의 형제들과 각 지방에 흩어져 살고 있는 팔남매가 다 모였다. 한 말들이 솥에는 국이 펄펄 끓고, 서 말들이 솥에는 돼지고기 수육의 구수한 냄새가 온 골짜기에 진동을 한다. 마을 사람들이 삼삼오오 모여들었다. 모두가 일족들이니 청하지 않아도 자연스럽게 모인다. 등나무 그늘 아래 차일을 치고 술자리를 마련하니, 이것이 바로 잔치다. 조촐하게 하려 해도 그럴 수 없는 것이 시골의 풍습이다. 서로 덕담을 나누며 흥이 절로 난다. 술 한 잔에 노래 가락이 구성지다.

왁자하던 마을 사람들도 돌아가고 어둠이 서서히 내리는 저녁, 야외식사의 백미인 숯불구이가 시작되었다. 처남 매부 간에 서로 잘한다며 집게 쟁탈전을 벌이고, 숯불에서 지글지글 익어가는 고기 냄새는 입 안에 군침을 돌게 한다. 시누이 올케들은 원탁 테이블에 보를 씌우고 상차림 준비에 떠들썩하다. 케이크에 촛불을 밝히고 오랜만에 손뼉을 치며 목청껏 합창을 했다. 돌아가면서 이름을 불러주며 오늘의 주인공처럼 촛불을 불어서 끄게 했다. 케이크의 재활용이 이렇게 즐거울 수가. 모두들 얼굴에는 웃음꽃이 활짝 피었다. 어린 시절의 개구쟁이 모습들이 살짝살짝 비치며, 환희의 박수를 아끼지 않았다. 분위기는 점점 고조되어 갔다.

동심으로 돌아간 형제들은 농막으로 장소를 옮겨서 윷판을 벌였다. 본성과 각성으로 편을 갈라 한판 혈전이 펼쳐졌다. 위, 아래 모든 장벽은 무너졌다. 시숙이 힘들게 진출한 개를, 제수가 "개 잡고" 소리치자 모두들 박장대소를 하며, 즐거움이 넘친다. 승부에 상관없이 푸짐한 상품에 기쁨은 배가 되었다.

떠들썩하던 윷놀이도 끝이 나고, 고라니의 울음소리를 자장가 삼아 잠자리에 들었다. 그러나 침묵은 채 일 분도 지나지 않았다. 도란도란 옛이야기를 나누더니 한 사람씩 다시 일어나기 시작한다. 지금은 무릎쯤 되는 낮은 언덕을 태산이라도 되는 양 "야 너 여기서 뛰어내릴 수 있어." 호기를 부리던 꼬맹이 시절 이야기에 웃음을 자아낸다. 커다란 소에게 꼴을 먹이러 갈 때면 마치 아이가 소고삐에 매달려 가는 듯했다며 자지러진다. 왜소한 체구의 아이는 보이지 않고 나뭇짐만 둥둥 떠가는 것 같았다는 그 시절의 기억 가운데 가장 압권은 시아버지 빈소 이야기였다. 거기서 웃음이 빵 터졌다.

그때는 의료보험이 안 되는 시절이었다. 한 가정의 가장이 암이라는 무서운 선고를 받고 병원 신세를 지는 동안 농사일이며 집안일은 겨우 열 살 남짓한 형제들이 나누어서 했다고 한다. 학교 다녀오면 밭에 풀도 뽑고 소도 먹이고 나무도 하고, 여섯 꼬맹이들은 싸우며 뒹굴기도 하면서 겨우 버티고 있었다. 하지만 병을 이기지 못한 시아버지는 그만 서천으로 가셨다. 시어머니에게 남은 것은 아직도 어리디어린 자식들과 치료비로 쓴 빚뿐이었다. 맏딸은 다행히 이미 결혼하여 가정을 이루었고 큰아들은 군에 입대하여 부재였으니, 남은 육남매와 고비를 이겨나가야 했다. 논과 밭을 빚에 넘기지 않으려고 시어머니는 장사를 떠나고 열다섯의 남편이 가장이 되었다. 매일 아침저녁 빈소에 상식을 올리는데, 그렇게 무서울 수가 없었다고 한다. 하여 "야, 너 뒤에서 막대기를 들고 꼭 붙어서 들어와" 하며, 본인은 상을 들고 앞장을 서고 동생은 뒤에서 호위를 하면서 빈소에 상식을 올렸다는 이야기에, 옆에서 듣고 있던 누군가가 빈소에 귀신이 있다면 그건 아버지잖아. 아버지를 막대기로 때리려고, 하면서 맞장구를 치자 그래~그래~ 그렇네 하며, 모두들 손뼉을 치면서 깔깔깔 웃는다. 철없던 시절의 웃음을 자아내는 슬픈 이야기도 이제는 추억이 되고 있다.

가녀린 여인의 자궁을 빌려 태어난 팔남매다. 애틋한 정을 나누고 싶은 것은 어머니의 품이 그리워서 가슴에 사무친 것은 아닌지. 어머니의 집은 이미 세월이 흘러감에 따라, 형의 집에서 조카의 집으로 변하고 있다. 대문간에 발 들여놓기도 예전 같지 않다. 공허함이 밀려온다. 형제들은 포근히 안기고 싶은 그 무엇이 필요했으리라. 어린 시절 살 비비며 티격태격하던 그 시절로 잠시라도 돌아가고파서 마음은 허공을 헤매고 있다.

누구의 집도 아닌 모두의 공간이 필요하다. 조그마한 농막일지라도 형제들의 마음의 안식처가 되었으면 좋겠다. 아무나 거리낌 없이 평온하게 즐길 수 있는 곳, 마치 어머니의 자궁같이 아늑한 집.

'會者定離' 라고 했던가, 만나면 헤어지기 마련이라. 기다렸던 1박 2일이 후딱 지나가고 이별의 시간이다. 한 대씩 떠나가는 차들에 손을 흔들며 다시 만날 것을 기약한다.

갑자기 골짜기가 조용해졌다. 팽팽하게 부풀었던 풍선에 바람이 쉬~이 소리를 내며 빠지듯이, 온 골짜기를 메우던 호쾌한 웃음소리가 메아리처럼 휘 돌아나간다. 흐뭇함으로 가득했던 가슴이 휑하다. 팔우당의 새로운 추억으로 남편의 허허로운 마음이 조금은 채워졌을까.

結實

관정

밭고랑이 맑고 시원한 물을 벌컥벌컥 들이마신다. 금년에는 유난히 가뭄이 심해서 저수지가 바닥을 보인 지 오래다. 가마솥더위에 시들시들해 가는 농작물만큼이나 농부들의 마음도 타들어간다. 사람들은 하나같이 제 논에 물대기에 바쁘다.

우리 밭은 생계가 아닌 주말농장이라 순번에서 계속 밀린다. 그러다가 겨우 차례가 돌아왔다. 뽀얗던 밭고랑을 적시면서 흘러 들어가는 물줄기를 바라보니 가슴속까지 시원해진다. 몇 해 전에 마을 공동으로 파놓은 관정管井이 이렇게 고마울 수가 없다.

천수답인 저수지 위쪽의 논과 밭은 농사를 짓자니 힘들고 버리자니 아까운 계륵 같은 땅이었다. 마을사람들이 합심하여 관정을 파기로 결정했다. 시추공사는 먼저 물길을 찾아서 위치를 선정하는 작업부터 시작되었다. 우선 자리를 잡고 관정기계를 설치한 다음 굴착기를 배치하였다. 굵은 파이프로 굴착을 하여 겉물이 스며들지 않게 하고, 그 속에 작은 시추공을 넣어서 공사를 했다.

처음에는 부드러운 흙이라 순조롭게 진행되었다. 마사토가 나오고 점점 아래로 내려갈수록 암반에 부딪혀 '드드득' 하는 소리가 요란해졌다. 동그랗게 잘려져 나오는 돌덩이가 신기하기만 하다. 백여 미터를 내려가자 물이 콸콸 쏟아진다. 여기서 끝이 아니다. 전신주를 세우고 전기 시설을 갖추어야 한다. 배관을 연결하고 모터를 돌려서 물을 끌어올린다. 좋은 장비와 기능공들의 정밀한 작업으로, 드디어 마을사람들의 고민을 해결해주는 완전한 관정의 모습을 갖추게 되었다.

글쓰기는 관정을 파는 것과 다르지 않다는 생각이 든다. 천수답 같은 우리네 인생, 하늘만 바라볼 수는 없는 일이다. 기름지고 윤택한 삶을 꿈꾼다. 고단한 삶만큼이나 마음은 거칠고 황량해진다. 일그러진 마음에 바람이 인다. 솔바람이 광풍이 되기 전에 그것을 잠재우기 위해 글을 쓰기 시작한다. 글이란 저절로 술술 써지는 것이 아니다. 마음의 관정을 파야 한다. 혼자서는 도저히 할 수 없는 일이다. 관정기계 역할처럼 지칠 때 동행하는 도반이 있어야 하고, 굴착기로 굳어진 관념들을 깨뜨리고 시추공의 정밀도를 맞추어 주는 조력자가 필요하다.

초보의 과정을 거치면서 잔뜩 겉멋이 든다. 부드러운 흙과 마사토인지도 모르고 괜찮은 작가인 양 착각을 한다. 마침내 암반에 부딪혀 한 발짝 나아가기도 두렵다. 자칫 포기하기 쉬운 때인 것 같다. 글 쓰는 재주가 없다느니, 시간이 부족하다느니 핑곗거리를 찾는다. 이때 초심을 잃지 않는 것이 중요하다. 메마른 가슴을 적셔주는 시원한 물줄기를 떠올리며 푸른 들판을 그려본다. 제일 중요한 것은 끊임없는 스스로의 노력이다. 모나지 않고 동그랗게 파 내려가서 백 미터, 이백 미터 아래의 청정한 암반수를 얻듯이, 내면 깊숙이 굴착기로 파내는 인고의 시간을 보내야 한다. 그리 하면, 티끌 많은 세상에 오염되지 않은 청순한 영감을 얻을 수 있으리라.

살다 보면 항상 봄날만 있는 것은 아니다. 지난날 감로수 같은 글 한 줄은 절망에서 희망으로 바꿔주는 계기가 되었다. 십여 년 전 삶의 기로에 섰을 때, 마치 한 치 앞을 볼 수 없는 캄캄한 암흑과도 같은 시간이었다. 그때 '좋은 생각' 에서 읽은 글귀 하나, 인생의 좌우명으로 삼았다.

"어둠을 밀어내려 하지 마라. 밝음이 들어오면 어둠은 서서히 사라진다."

순간, 칠흑 같은 어둠에 한 줄기 빛이 보였다. 그날부터 부정적인 말은 일체 쓰지 않기로 했다. 긍정적인 일이 없을지라도, 이러이러해서 잘될 것이다, 라는 메모를 매일 썼다. 몇 달을 그렇게 쓰는 동안 상황은 어느새 희망적으로 바뀌어 가고 있었다.

몸과 마음이 한계에 부딪혔을 때 커다란 깨달음이 오기 마련인가 보다. 일전에 방영된 '히말라야의 시지프스'에서 어머니와 아들이 멈출 수 없는 고행의 길을 걷고 있었다. 자신의 몸보다 더 큰 짐을 지고 산길을 오르는 포터들 가운데 더욱 처절한 모자의 모습이 뇌리에서 떠나지 않는다. 아픈 다리를 끌며 치맛자락에 눈물을 찍어내는 어머니와 그 모습을 차마 볼 수가 없어서 앞질러 가는 아들. 체력의 한계점에서 잠시 숨을 고르고, 무거운 발걸음을 한 발짝씩 옮기는 모자의 모습이 숭고하기까지 하다.

잠시 생각했다. 저들에게 천수답의 관정과 같은 역할은 무엇이 있을까. 그러나 그런 걱정은 기우였다. 아들은 이미 마음의 관정을 파고 있었다. 그가 마지막에 하는 말은 "가족끼리 오순도순 살아가는 것이 희망이다."라고. 고난 속에서도 피어나는 가족애가 진정한 아름다움으로 다가왔다.

흔히들 '시지프스의 영겁의 형벌' 을 우리네 삶에 비유한다. 이 또한 마음의 관정이 필요하다는 생각이 든다. 땅속 저 깊은 곳에서 청정한 샘물이 솟아오르듯이 마음속 저 깊은 곳에서도 희망의 샘물이 솟아오르게 된다면, 시지프스의 '하늘이 없는 공간 측량할 길 없는 시간' 과의 싸움도 그 삶의 무게가 조금은 가벼워지리라, 포터 어머니와 아들처럼.

이러하듯이 마음의 관정을 통해 지구 저편의 애절한 영혼의 소리를 끌어 올 수 있는 것이 글쓰기의 힘이 아니랴.

밭고랑에 물이 흥건해질수록 고추 잎사귀에 생기가 돈다. 축 늘어졌던 잎들이 하늘을 향해 손을 벌린다. 마음이 흐뭇하다. 입꼬리가 저절로 올라간다. 갈증을 풀어주는 백 미터 아래의 청정한 암반수 같은 글 한 편을 쓰고 싶은 마음이 간절하다.

4

세월의 계단 이편에서

최정산最頂山에 올라

산은 움직이지 않는다. 명산이라고 알아준다며 기뻐하지 않고, 몰라준다고 슬퍼하지 않는다. 그저 묵묵히 자신의 자리에서 뭇 생명을 길러낸다.

대구시내 명승투어에 참여하여 우리 일행이 간 곳은 수성구와 달성군을 경유하는 코스다. 최정산, 대구 근교에 있는 산인데도 처음 들어보는 이름이다. 팔공산, 비슬산, 와룡산, 대덕산, 앞산 같이 흔히 알고 있는 산이 아니기에 호기심이 생겼다. 수성구 쪽에 사는 이들에게는 우리 가족이 거의 매일 가는 두류산이나 앞산만큼이나 친근한 산인 듯하다.

최정산은 대구광역시 달성군 가창면에 있는 산으로 해발

905m에 이른다. 태백산맥의 지맥인 비슬산과 마주 보는 형제산이다. 해설하는 분의 말에 의하면, 강원도의 대관령이나 스위스의 살레와 같은 형태의 고위평탄면의 지형을 가지고 있으며, 고랭지농업과 목축업이 이루어지는 곳이라고 한다.

꼬불꼬불한 산길을 버스를 타고 올라갔다. 좁은 임도를 몇 번이나 마주 오는 차와 마주쳤다. 서로 비켜가기 위해 운전하는 분의 고생이 심하다. 유월의 더운 날씨지만, 우리 일행은 편하게 앉아서 창밖의 숲을 감상하는 호사를 누린다. 참나무, 단풍나무 등등 울창한 산림 속에 계곡이 점점 깊어지고 기압이 상승하는 것을 느낀다.

드디어 정상에 도착했다. 버스에서 내리자 펼쳐진 광경은 이곳이 해발 700m 고지라고는 상상도 할 수 없을 정도로 이국적인 풍경이다. 백색의 나무 울타리가 둘러있고, 푸른 잔디와 멀리 파란 하늘이 맞닿아 있다. 하얀 구름과 커다란 느티나무 사이에 말들이 유유히 걸어가고 있다.

약간 상기된 마음으로 나무 울타리 쪽으로 걸어갔다. 사람들은 이 아름다운 풍광을 놓칠세라 카메라 셔터를 누른다. 그 때 조련사의 비명에 가까운 소리가 들렸다. 우리들은 놀라서 그쪽을 바라봤다. "이봐요. 양산을 펴지 말아요. 말들이 놀라서 흥

분합니다.” 양산을 펴고 멋진 포즈를 취하던 모델들은 양산을 접고 따가운 햇볕 아래서 ‘찰칵’ 추억거리를 담았다. 오늘 새로운 사실을 알게 되었다, 동물들의 눈에는 양산이 무서운 존재로 보인다는 것을.

어린 망아지들이 울타리 옆에서 서성인다. 그 모습이 귀여워서 콧잔등을 만져주었다. 그 때 또 주의를 주는 조련사의 목소리가 들렸다. 말에게 너무 가까이 가면 말이 떠받는다고 만지지 못하게 했다. 놀라서 한 발 뒤로 물러섰다. 망아지들이 얌전하게 무언가를 기다리는 듯 코를 벌름거린다. 젊은 연인들이 먹이를 가지고 와서 손바닥에 올려놓고 망아지에게 내밀자 맛있게 먹는다. 그러고 보니 울타리 쪽에서 망아지들이 서성이는 이유를 알겠다. 나도 몇 개 얻어서 망아지에게 먹여 주었다. 입을 오물거리는 모습이 신기하고 재미있다.

입구에는 많은 아이들이 떠들썩하다. 아마도 말 타기 체험학습을 왔나 보다. 줄을 서서 기다리는 아이들, 조련사의 도움을 받으며 제법 늠름하게 말을 타는 아이들, 파란 하늘을 배경으로 말 위에 의젓하게 앉아 있는 모습에 눈을 뗄 수가 없다. 바라보는 것만으로도 즐거움이 몽실몽실 일어난다. 시원한 바람이 흥취를 더해주며 살랑살랑 간질이고 지나간다.

한 편에는 차茶 종류를 재배하고 있었다. 같이 온 일행이 컴프리차를 재배해 보고 싶다고 한다. 이런 고지대에서도 농사를 지을 수 있다니 신기하다. 더욱 놀라운 것은 포니목장 건물 아래쪽에 텐트를 치고 낚시를 하는 사람들이 있었다는 사실이다.

최정산의 최고 정상에는 군부대가 있고, 포니목장 건너편엔 옛날 미사일 기지도 있었다. 알고 보면 대구의 요충지인 것 같다. 다른 쪽 등산로로 가면 멀리 가창댐이 한눈에 들어온다. 생명의 근원인 물을 품고 있는 산은 우리 일행에게 호기로운 가슴을 열어준다. 하늘과 땅 사이에 넘치게 가득 찬 넓고도 큰 원기를 마음껏 마셔본다.

여기가 도시 근교라는 생각도 잠시 잊었다. 산속에서의 낚시지만 세월을 낚는 강태공을 연상하게 하고, 차를 마시며 담소하는 고매한 선비를 떠올리게 하는 차밭, 자연 속에서 동물과의 교감을 하며 말을 타는 아이들, 도심 속에서는 상상할 수 없는 호연지기를 기를 수 있는 산이 가까운 곳에 있음이 감사한 일이다.

폐업하던 날

"나는 정년퇴직이 없다."

남편이 늘 자랑스럽게 내게 한 말이다. 그러던 그가 어깨가 축 처져서 들어왔다. 세상에서 가장 슬픈 얼굴을 하고는 "이제 편한 백성이 됐다." 툭 던지는 말에 가슴이 철렁했다. 그렇게 일을 그만두고 싶어 했다. 막상 세무서에 폐업신고를 하고 일을 정리하고 나니, 그 헛헛한 마음을 감당하기가 어려운가 보다.

사내들에게 일이란 무엇일까. 사회적 지위와 가장으로서의 당당함과 자존감은 그가 살아가는 이유일 것이다.

우리가 사업을 시작해서 폐업할 때까지 손꼽아 보니 어언 30

여 년이 되었다. 전쟁과 휴전을 막 지나온 시절을 유년기로 살아온 우리에게는 근검절약이 몸에 배었다. 별 보고 나가서 별 보고 들어오는 아주 부지런한 남편이다.

결혼 후 1년 만에 사업을 시작했다. 사업이래야 이름만 거창하지 겨우 방 하나 점포 하나였다. '70년대 당시 그 어렵다는 백색전화가 들어오던 날, 우리는 이제 부자가 된 듯 기뻐했다. 사업은 날로 번창하는 듯했다.

하지만 세상일이란 그렇게 만만하지 않았다. 구석구석 복병이 숨어있게 마련이다. 일을 부지런히 해도 경험 부족으로 공사비를 받지 못하는 경우가 허다했다. 자금은 늘 부족하고, 인부들을 부리는 일도 힘에 벅차다. 그보다 제일 중요한 것은 거래처를 넓혀 나가는 것이었다. 남편의 짐은 이것만이 아니다. 사업을 한다는 이유로 집안 대소사를 책임져야 하는 입장이 되어버렸다.

그 무거운 짐을 이제는 내려놓았다. 아주 무거운 등짐을 이고 지고 가다가 갑자기 내려놓으면 온몸의 모든 혈관이 이완되면서 터질 것 같던 기억이 난다. 남편의 심정이 아마도 그러한 느낌이리라. "그동안 수고했어요." 하며 서류 봉투를 받아드는데, 눈시울이 붉어지며 목이 메어온다. 부부는 한몸이기에.

교실 일기

❖ 2014년 6월 23일

참 오랜만에 초등학교 시절 교가를 합창했다. 52년 만에 불러보는 교가이다.

영희(애칭)는 이제 초등학교 2학년이다. 나의 모교 새까만 후배.

"남산 위에 높이 솟은 사랑의 곳집……"

둘이서 신나게 합창을 하고 나니 이렇게 흐뭇할 수가.

나의 사랑하는 제자, 영희 정말 귀엽다.

❖ 2014년 6월 24일

학생 D가 재잘재잘 이야기를 한다. 언제나 마지막 시간에 수업을 하는 아이다. 그러나 한 번도 결석을 하지 않는 성실한 아이다.

오늘도 학교에서 있었던 이야기들을 즐겁게 들려준다.

그러다 할머니와의 추억을 이야기한다.

학생이 일곱 살 때 어머니가 할머니께 아이를 봐 달라고 부탁을 했다. 할머니는 아이와 놀다가 갑자기 무엇을 사야 할 일이 생겼다. 하지만 마침 지갑을 가지고 오지 않아서 아이에게 빌려 달라고 했다.

아이는 그동안 세뱃돈이랑 어른들께 받은 용돈을 모아 둔 천 원짜리 오십 장, 오만 원이 있었다.

매일 세어보며 행복해하던 것을 할머니께 빌려 주려고 하니 아까워서 망설이고 있었다. 할머니가 꼭 갚아준다고 약속을 하자 하는 수 없이 빌려주었다.

다음 날 할머니는 오만원권 한 장을 아이에게 돌려주었다.

아이는 그만 "으앙" 하고 울어 버렸다. 달래도 막무가내였다.

매일 행복해하며 세어보던 오십 장과는 다르다는 아이의 마음을 할머니는 몰랐다. 지금도 그때의 서운한 마음을 잊을 수가 없다고 한다.

귀여운 녀석~~~

❖ 2014년 6월 25일

아이들이 온통 기말고사 결과에 촉각이 곤두선다.

다섯 과목 중에 한 개가 틀렸다는 여자아이는 행복해하고 세 개가 틀렸다는 남자아이는 기뻐하다가 "제가 기뻐해도 됩니까?" 하고 질문을 했다.

"그럼 당연히 기뻐해도 돼. 잘한 거야." 하며 같이 활짝 웃었다. 그런데 여자아이 하나가 세 개를 틀렸다고 어머니께 꾸중을 들었다고 우울해한다.

학교 성적과는 직접적인 상관이 없는 우리 학원은 아이들의 하소연을 들어주는 곳이다.

급기야는 눈물을 뚝뚝 떨어뜨리는 아이도 있다. 하지만 아이들은 속풀이를 하고 나면 금방 하하~ 호호~ 웃는다.

문제 몇 개 틀리면 어때, 활짝 웃는 우리 아이들의 미래가 밝다.

❖ 2014년 6월 26일

치킨 파티를 열었다.

신입생 3명이 한자자격시험에서 나란히 최우수상을 받았다.

그동안 문제풀이 하느라고 고생한 아이들이 기특하여 파티를 열어준다.

항상 신기하고 고마운 일은 아이들이 처음에는 어려워서 힘들어하다가 한 번 시험을 치르고 나면 흥미를 가지고 곧잘 따라 한다는 것이다.

한자의 매력에 점점 빠져드는 아이들이 대견스럽다.

'부생아신 모국오신父生我身 母鞠吾身에서~ 욕보심은 호천망극欲報深恩 昊天罔極' 까지 신나게 읊으면서 치킨을 먹는다.

❖ 2014년 6월 30일

요즘 학교에서는 체험활동을 많이 하는 것 같다.

지난 금요일에 6학년 아이들은 임실 치즈마을 체험을 다녀오고, 4학년 아이들은 방짜유기박물관을 다녀왔다.

저마다의 느낀 점을 이야기하느라 교실이 떠들썩하다.

6학년들은 피자와 아이스크림을 직접 만들었다고 한다.

계란 중탕하듯이 그릇을 얼음에 담고, 중탕그릇에 딸기와 생크림을 넣어서 계속 저어주면 아이스크림이 된다는 것이 신기하고 재미있었다고 재잘거린다. 그러나 뮤지컬은 아이들의 관람 수준에 미치지 못했는지 유치하고 지루했다고 말한다.

4학년 아이들은, 유기그릇을 만드는 과정을 호기심이 가득한 눈으로 관람을 했지만, 커다란 징을 쳐 보는 체험에서 스위치를 눌러 녹음된 소리를 듣는 것이 아쉬운 감이 있었다고 한다.

학생 아이들의 소회를 들으면서 아이들의 관찰력과 표현력이 대단하다는 생각이 들었다.

❖ 2014년 7월 1일

한 아이가 책을 아주 맛있게 읽고 있다. 입 안에 고소한 맛이 감도는 듯한 느낌이 난다. 이렇게 흥미롭고 재미있게 글을 읽다니 신기하다.

일학년 입학하면서 처음 만나 공부할 때는 어떻게 가르치나 걱정을 할 정도로 적응을 못 하고 졸기만 했다. 그러던 아이가 삼학년이 되니, 그동안 많이 자랐다. 이제는 고사성어의 매력에 흠뻑 젖었다.

교학상장教學相將이라, 가르치고 배우면 서로 자란다고 했다.

"콩나물에 물을 주면 물이 다 흐르는 것 같아도 콩나물은 자란다."라고 하시던 모명재의 글방 선생님들 말씀이 생각난다. 아이와 나는 서로 배우며, 콩나물처럼 자란다.

❖ 2014년 7월 2일

우리 교실에 아주 강적이 나타났다.

신입생 여자아이가 자존감이 무척이나 강하다. 한 달이 지나도록 가만히 살펴보니, 지금까지 보던 아이들과는 너무나 다르다. 선생님이 말을 붙이면 무조건 "아니요"로 시작한다.

수업과제를 주면 책상에 삐딱하게 앉아서 옆자리 아이에게 다리를 뻗치고 방해를 한다.

"자세를 바르게 하자."

좋게 타이르면 더욱 몸을 비틀어서 흉하게 만든다. 이제 겨우 아홉 살, 무엇이 이 아이를 이렇게 만들까? 자세로 보아 절대로 시키는 일이나 말을 따르지 않겠다는 표현이다.

그래서 물어보았다.

"얘, 너는 한자 공부가 하기 싫으냐? 그러면 억지로 다니지 않아도 된다."

역시나 "아니요, 다닐 거예요." 했다.

아홉 살, 자아가 형성되면서 반항심이 더욱 강해져서일까. 좋은 인성을 길러주는 공부라고 강조하면서, 자부심을 가지고 아이들에게 한문의 깊은 의미들을 가르쳐 왔는데 위기다. 아이가 상처받지 않고, 잘 융화될 수 있는 방법을 찾아야겠다.

❖ 2014년 7월 14일

여행이 그렇게 즐거울까.

5학년 여자아이는 며칠 후면 방학을 맞이하는 것도 즐거운데, 아람단에서 단합대회 겸 여행을 간다는 것이 벌써부터 마음이 들뜬다고 한다.

캐리어를 가지고 가는 게 좋을까, 가방을 메고 가는 게 좋을까, 즐거운 고민을 한다. 옷은 어떤 것을 가지고 가고, 준비물은 무엇이 필요할까. 할머니께는 벌써 용돈을 두둑이 받았다고 자랑이다.

가는 동안 차 안에서 무엇을 하지? 모든 것이 호기심으로 가득한 아이를 보면서 덩달아 즐거워진다.

더 넓은 세상을 아름답게 보고, 좋은 경험을 많이 하기를 바란다.

❖ 2014년 7월 15일

일에 있어 과정도 중요하지만 결과도 중요한 듯하다.

6학년 아이들이 지난번 3급 한자자격시험에서 탈락했다.

재시험을 보려 하는데, 아이들이 자신감이 떨어져서 집중을 못 한다.

나 혼자만의 열정으로는 되는 것이 아닌가 보다.

이번에는 스스로 학습법을 택해서 지도하려고 한다.

지난번에 시험 때 이미 문제풀이는 다 해준 상태여서, 반복풀이는 서로 간에 지겨울 것 같다.

직접 찾아서 하나씩 알아가는 재미가 있도록 흥미를 돋우어 주는 것이 나의 역할이 아닐까 생각한다.

이번에는 좋은 결과가 있도록 최선을 다하자.

❖ 2014년 11월 23일

드디어 3급 한자자격시험을 보러 갔다.

날씨가 제법 쌀쌀하지만 수험생들의 열기는 뜨거웠다.

시험을 치르는 아이들보다 이번 시험은 내가 더 긴장되었다.

두 번의 실패를 딛고 보는 시험인지라 그동안 마음고생이 심했다.

내가 어린아이들에게 이렇게 어려운 한자를 힘들게 배우게 해야 하나 하는 회의에 빠지기도 하고, 아이들이 안쓰럽기도 했다. 그러나 '포기'라는 단어를 아이들에게 배우게 할 수는 없다는 마음이 더욱 강렬했다.

새로 나온 한자와 교과서 단어들, 고사성어를 반복해서 공부

하면서,

"우리, 시험보다는 이러한 좋은 뜻을 생각하면서 최선을 다 하자."

아이들에게 힘을 북돋워주면서 정말 열심히 했다.

시험을 마치고 나오는 아이들의 얼굴이 밝았다.

돌아와서 채점을 해 본 결과 좋은 성적으로 합격이 예상된다.

아이들은 "와!" 하고 함성을 질렀다.

얘들아 수고했어, 하며 힘 있게 안아 주었다.

가슴 뿌듯한 하루이다.

❖ 2014년 12월 19일

아이들의 생각은 참으로 기발하다.

삼학년 악동이 궁금증이 발동했다.

뜬금없이 "선생님, 식물인간이 뭐예요? 사람이 식물로 변하는 거예요?" 순간 당황했다. 사람이 식물이 된다.

사람이란 무엇인가? 이성과 지성을 지니고 감성으로 교감을 하는 고등동물이 아닌가.

아이에게 식물인간에 대해 설명을 하면서 생각했다.

타의에 의해서 움직이는, 나 스스로도 식물인간이 되어가는

一枝春花氷姿玉質
戊戌蕙任堂

것은 아닌지.

마음을 맑게 가지고, 자아를 찾자.

❖ 2014년 12월 20일

장기자랑에는 무서움과 설렘이 있다.

며칠 있으면 방학이라고 학교에서 장기자랑을 한다고 한다.

4학년 H는 걱정을 넘어서 무섭다고 한다.

숫기 없는 아이들은 그 시간이 두렵다.

모든 아이들의 시선을 감당하기 어렵기 때문이다.

머릿속이 하얗고 몸도 뻣뻣해진다고 한다.

어린 시절의 내 모습이 떠오른다.

앞에서 노래라도 부를라치면 제일 짧은 노래를 선택해서 정신없이 부르고 뛰어 들어오던 못난이였다. 아이에게 용기를 가지라고 말했다.

"연예인들도 무대에 나오기 전에는 가슴이 울렁거리고 떨린다고 한다. 그들은 무대에 서기 전에 엄청난 연습을 하기 때문에, 무대에 서면 자연스럽게 되는 것이다. 사람들은 처음에는 쑥스럽고 두려운 일도 경험에 의해서 익숙해진단다."

아이는 근심스런 얼굴로 빙그레 웃는다.

❖ 2015년 2월 13일

육학년 아이들의 졸업식이다. Y가 무척이나 섭섭해한다. 선생님과 친구들과 헤어지는 것이 못내 아쉬워 공연히 수다를 떤다.

이제 더는 더 어린이가 아니라는 것이 더욱 허전하다고 한다.

아이들이 성장통을 앓고 있다.

지난날 우리 아이들도 자꾸만 자라서 어른이 되는 것이 안타깝다고 했었다.

아이들은 이미 알고 있다, 만남과 이별 그리고 살아가야 한다는 사실을. 잠시, 멍하니 칠판을 바라보는 Y의 얼굴에서 연민의 정을 느낀다. 귀엽기만 하던 유치원생 때 만나서 이제는 어엿한 중학생이 된다.

기특한 녀석! 대견스러워서, 바라보는 내 가슴에 한 줄기 뜨거운 기운이 감돈다.

❖ 2015년 5월 26일

남매의 다정함에 미소가 절로 난다.

여동생이 탈이 나서 병원에 입원을 했었다.

J는 며칠 동안 혼자서 모든 일을 해야만 했다.

엄마가 동생과 병원에서 자는 동안 혼자서 자야 했다.

아침에 학교 갈 준비도 혼자서 하고, 학원 마치고 집에 가면 혼자서 놀아야 했다.

J는 그동안 귀찮게만 여기던 동생이 그리워졌다.

한 주를 병원에서 지내던 동생과 나란히 학원에 왔다.

여동생의 어리광이 부쩍 늘었다.

하지만 조그만 오빠는 다 받아 주었다.

학원 수업을 마치고 돌아가려 할 때 동생이 말했다.

"오빠, 가방 하나만 들어줘." 하자

"그래, 그래." 하면서 자신의 가방을 왼쪽에, 동생 가방을 오른쪽에 양쪽어깨에 가방을 메고도 동생의 보조가방을 들고는

"가자, 오빠가 다 들고 갈게." 하며 앞장선다.

이제 겨우 4학년인 오빠가 제법 의젓하다.

세월의 계단 이편에서

자연을 바라보는 시선은 매양 같지만은 않다. 나이가 듦에 따라 처한 상황에 따라 느끼는 바가 다르다. 꽃은 순리에 따라 피고 지는데, 환희를 노래하기도 하고 슬픔을 노래하기도 한다.

가을 햇살을 받으며 고고한 자태로 서있는 안양루. 그곳으로 아득하게 이어지는 돌계단, 어떤 모습으로 다가올지 모르는 안양루를 향하여 숨을 헐떡이며 계단을 오른다.

가을의 절정을 온몸으로 느끼기 위해 지인들과 함께 영주 부석사를 찾았다. 부석사는 신라 시대 의상대사가 화엄경을 설파하기 위해 창건한 유서 깊은 고찰이다. 돌 하나, 나무 한 그루도 오늘 나와의 새로운 인연에 마음이 부풀고 설레는 일이다.

우리 일행은 부석사 무량수전을 향하여 오르기 시작했다. 몇 걸음도 가지 못하고 내 몸은 힘들다, 못 가겠다, 하고 반항을 시작한다. 일행들과의 거리가 점점 멀어졌다. 길섶의 작은 돌에 앉았다. 그동안 게으름만 피우고 운동을 하지 않은 것이 후회가 되었다.

많은 사람들이 즐겁고 힘차게 내 앞을 지나간다. 아이들의 재롱에 마냥 행복해하는 부부, 다정한 연인들의 즐거운 모습들을 보면서 용기를 내어 다시 일어나 걷기 시작한다. 돌계단을 한 계단씩 오르면서 옆을 볼 여유가 없다, 지나온 나의 삶처럼.

발을 잘못 디딜까 두려워서 앞만 보고 오른다. 몇 년 전에 다친 무릎이 자꾸만 제동을 걸었다. 일행을 따라잡기에는 무리다. 그냥 천천히 오르자. 이렇게 마음을 정하고 느긋하게 가기로 했다. 잠시 숨을 고르며 발을 멈추었다. 계단 옆 축대 한 조각에 생명이 꿈틀거린다. 아주 작은 담쟁이 한줄기가 붉게 물든 예쁜 잎들로 하늘을 향해 오르는 그림을 그리고 있다. 담쟁이만이 그릴 수 있는 유일한 그림을.

예쁘다, 곱다 되뇌며 다시 계단을 오른다. 그동안 헤아릴 수 없이 수많은 사람들이 가슴에 염원을 안고 이 계단을 올랐으리라. 『삼국유사』에 실린 설화의 주인공 선묘 여인의 헌신적인 사랑을 생각한다. 홍건적의 침략으로 고려의 공민왕이 영주로 몽진하여 부석사를 찾았을 때 '無量壽殿' 넉 자의 친필 현판을 남겼다. 그들의 보이지 않는 발자국을 밟으며 참고 견디며 오른다.

드디어 부석사 안양문이 보인다. 저 문을 오르면 편안함을 얻을 것인가. 막바지 계단은 너무 힘이 들어 한 계단 오르고 쉬고 또 한 계단 오르고 쉬고, 그렇게 안양문을 통과하여 안양루에 올랐다.

아득히 첩첩한 산 위로 은은하게 구름이 펴져 있다. 그 사이로 신비로운 햇살이 산 그림자도 만들고, 나무 사이로 살며시 고개를 내밀기도 하며, 무릉도원이 이러한가. 가슴 저미는 아픔이 녹아내리는 듯 아름다운 세상을 펼쳐 보인다.

방랑시인 김삿갓이 안양루에 올라 감개한 나머지 이런 시를 남겼다.

> '평생 동안 느긋하게 명승지를 밟지 못하다가
> 흰머리 된 오늘에야 안양루에 올랐구나.
> 〈중략〉
> 백 년 동안 몇 번이나 이런 경치 구경할까.'

'극락정토를 찾아 힘들게 안양문을 지나서 안양루에 올라 아래를 바라보면 저 아래 세상이 바로 극락이다' 라는 말은 많은 생각을 하게 한다.

안양루에 올라보니 세월의 계단을 올라 잠시 쉬는 휴게소 같다. 무던히도 오르기 힘들었던 세월의 계단 저편에 힘없고 초라한 내 모습이 아프다. ○○초교 이층 끝에 있는 우리 교실, 아무도 오지 않은 이른 아침, 고요한 공간, 창문을 활짝 열고 맑은 바람을 맞으며 소나무와 대화를 나눈다.

"오늘 아침에도 밥 대신 술지게미를 먹었단다."

"내 얼굴이 빨개지지 않았니."

"친구들이 알아볼까 봐 걱정된단다."

너무도 일찍 삶의 고달픔을 알아버린 아이. 길가에 하릴없이 앉아있는 할머니들을 보며 저렇게 늙을 때까지 어떻게 살까 고민하던 아이. 중학교 입학시험 보는 날 엄마가 싸준 꽁보리밥 도시락을 차마 먹지 못하고 뚜껑을 닫아 버린 아이가 가파른 계단을 헐떡이며 오르고 있다.

그 아이가 세월의 계단에서 웅크리고 있을 때 축대의 한 줄기 담쟁이 같은 사람을 만났다. 가녀린 손을 축대에 의지하고 소박하고 아름다운 그림을 그리듯 삶의 그림을 그리기 시작했다. 주저앉아 일어날 힘조차 없던 아이에게 희망이라는 것이 생겼다. 그의 작은 몸짓 하나에도 울고 웃으며 행복해한다. 하나를 가지면 열을 가지고 싶은 것이 사람의 마음이다. '오욕칠정' 의 작은 주머니들이 생겨난다. 당연한 듯이 그 주머니들은 점점 커져만 간다. 끝없는 욕망 때문에 자신을 괴롭히고, 사랑하는 사람들을 아프고 힘들게 한다.

고인 장마 물은 근원이 없어 아침에 찼다가 저녁에는 이미 없어진다는 것을 깨닫지 못한다. 분수도 모르고 조그만 축대 위에 커다란 그림을 그렸다. 여백도 없이 꽉 차버린 그림이다. 이제는 하나씩 지워 나가야 할 차례다. 울창한 숲과 늘 푸른 소나무, 그 속에 고풍스러운 정자까지, 모두 다 지워야 할 그림이다. 한 줄기 선명한 담쟁이를 사선으로 약간의 곡선으로 그리자. 내 마음을 담을 수 있는 여백을 두면서.

계단을 건너뛰어 갈 수 없듯이 매 순간을 감당해야 하는 것이 나의 몫이다. 내가 짊어져야 하는 삶의 무게는 부석사의 돌계단을 오르는 것처럼 힘들고 지치는 시간들이었다. 선경仙境은 선심善心을 일으킨다. 안양루에서 바라보는 신비로운 세상은 슬픔도, 고통마저도 아름다운 추억이 되게 하고 있다. 세월의 계단 이편에서 바라보는 지난날들이 축대의 한 줄기 담쟁이 그림처럼 아름답다.

백굴채

"마하반야바라밀다심경" 수천수만 번 읊었건만 그저 입으로만 암송했을 뿐 그 뜻에는 관심을 두지 않았다. 오랜 세월 동안 무의식 속에 알 수 없는 그 무엇이 종유석처럼 자랐을까. 문득 그 오묘한 진리가 궁금해져서 길을 나섰다.

평소에는 동화사 넓은 주차장 쪽을 택했지만 옛길을 걸어보고 싶어졌다. 일주문을 지나자 기억 저편에 있던 휘어진 적송이 달려와 반긴다. 싱그러운 나뭇잎 사이로 파아란 하늘이 내려다보고 있다. 계곡의 시원한 물소리는 영혼마저 맑게 한다. 향기로운 숲 냄새에 취하여 발걸음이 가볍다. 길가의 조그만 백굴채 꽃이 옛 친구를 반기듯 활짝 웃고 있다. 백굴채 꽃을 가만히 들여다본다. 가지 끝에서 우산 모양의 꽃이 서로를 은혜하는 양 피어있다. 노랑 꽃잎에 많은 수술 사이로 암술이 한 개 우뚝하니 솟아있다. 유년 시절의 아린 기억들이 백굴채 꽃잎에 피어난다.

초등학교 6학년 어린아이가 사촌동생을 찾아 나선 길이었다. 그때도 백굴채 꽃은 물색없이 웃고 있었다. 단짝 친구인 사촌이 비구니가 되겠다고 행자 생활을 시작하던 그때, 겨우 초등학교 5학년이었다. 우리들은 책 보따리가 무겁다고 말이 끄는 수레 위에 올려놓고는 끈을 묶을 때 쓰는 꼬부랑한 쇠붙이를 잡고서 종종걸음으로 따라갔다. 학교까지 먼 거리를 빨리 갈 수 있는 유일한 방법이었다. 학교 가는 길이 즐거워서 재잘거리며 콧노래를 불렀다. 그러던 사촌이 새엄마와의 갈등을 이기지 못하고 행자생활을 시작했다.

백굴채를 꺾어 꽃다발을 만들었다. 줄기에서 노란 수액이 흘러 나온다. 마음의 상처도 아물게 할 수 있을까, 백굴채는 약재로도 쓰인다는데. 꽃길 따라 숨을 헉헉 몰아쉬며, 산 중턱에 있는 암자를 찾았다. 아직은 세상을 모르는 철부지이지만 사촌동생을 데려오고 싶었다. 조그마한 여자아이가 불목하니가 되어 잿빛 옷을 입고 있었다. 다행히 머리카락은 자르지 않았다.

우리는 손을 맞잡고 두 눈에는 눈물이 그렁그렁했다. 그때는 불제자가 무엇인지, 부처님 말씀이 무엇인지 알지 못했다. 그저 소꿉놀이하며 같이 놀고 싶을 뿐이었다. 사촌 동생은 "불지옥을 다시 갈 수 없다."라며 완강하게 거절했다. 그는 백굴채 꽃만 한 아름 안겨주고 쓸쓸히 발길을 돌렸다.

이제 막 이성에 대해 눈을 뜨고 수줍어하며 가슴이 두근거리던 꽃 같은 시절. 나와는 다른 삶을 사는 사촌은 새벽이면 스님들보다 먼저 일어나서 법당에 촛불을 밝히고 예불 준비를 했다. 연기에 눈물을 찔끔거리며 공양간에서 불을 지폈다. 맵고도 쓰라린 수행생활도 꽃이 피고 지고 흐르는 세월 속에, 미움도 그리움도 안으로 삭이며 행자생활을 마쳤다. 수줍어 발그레하게 물드는 고운 얼굴이 여인이 되어 보지도 못하고, 파르라니 머리를 깎고 가사장삼 속에 청춘을 감추었다.

그 사촌을 다시 만난 것은 그녀가 회갑이 되던 해이다. 녹야원이란 사찰을 지었다는 소식에, 이제는 어엿한 불제자가 되었을 사촌이 몹시도 보고 싶었다. 사촌을 만나는 순간 우리는 세월을 거슬러 올라갔다. 예쁜 얼굴도, 자그마한 몸집도 그대로이다. 말하는 모습, 웃는 모습, 조금도 변함이 없다. 세속에 찌들지 않은 청아한 자태가 더욱 반가웠다. 손수 만들었다는 사찰 음식들은 그 정갈함이 식사하기 전에 저절로 합장을 하게 했다.

가까운 곳에 있는 수덕사를 찾았다. 수덕사 경내를 거닐면서 나에게 가사장삼 입은 사람과 같이 다니면 괜찮으냐고 물었다. 사촌은 그랬다. 그 옛날에도 똑같은 질문을 했었다. 그때도, 지금도 겉에 걸치는 옷은 상관이 없다고 했다. "그냥 우리는 자매일뿐이야." 나의 망설임 없는 대답에 사촌은 해맑게 웃었다.

그가 다정하게 손을 잡으며 다원茶園으로 안내했다. 사찰의 다원은 고요한 가운데 기품이 서려 있었다. 우리가 자리를 잡고 앉자 다원의 여주인이 사촌에게 삼배의 절을 올린다. 사촌은 엄숙하고도 고아한 자태로 합장으로 답례한다. 나의 미욱함을 그때에야 깨닫는다, 사촌은 이제 많은 사람을 번뇌에서 벗어날 수 있도록 이끌어 주는 스님이란 사실을.

스님은 50여 년 설법을 익히고 깨우쳐서 또 그것을 다시 설하고 정진하는 세월 동안, 이미 지혜의 언덕을 넘어 불성(佛性)을 이루었다.

그리스 신화에 나오는 이야기가 생각난다. 눈에 이물질이 많아 눈을 뜨지 못하고 태어난 아기 제비에게 어미 제비가 백굴채의 줄기를 입으로 꺾어 거기서 나오는 수액으로 아기 제비의 눈을 씻어 주었다고 한다. 어미 제비의 사랑처럼 스님은 많은 사람들의 아픔을 씻어 주고 있었다. 꿈을 잃은 이에게는 미래의 꿈을 찾는 길을 인도하고, 슬픔에서 헤어 나오지 못하는 이에게는 기쁨을 나누어주는 큰스님이 되어 있었다. 지금도 오로지 가족 걱정으로 밤잠을 설치는 내 자신이 너무나 작아 보였다.

숲속에서 맑은 새소리가 들린다. 길섶의 백굴채 꽃이 '몰래 주는 사랑' 을 속삭여준다. 사촌 스님을 생각하며, 입속으로 중얼중얼 반야심경을 읊조린다.

摩訶般若波羅蜜多心經觀自在菩薩行深般若波羅蜜多
時照見五蘊皆空度一切苦厄舍利子色不異空空不異色色
即是空空即是色受想行識亦復如是舍利子是諸法空相
不生不滅不垢不淨不增不減是故空中無色無受想行識無
眼耳鼻舌身意無色聲香味觸法無眼界乃至無意識界
無無明亦無無明盡乃至無老死亦無老死盡無苦集滅道無
智亦無得以無所得故菩提薩埵依般若波羅蜜多故心無
罣礙無罣礙故無有恐怖遠離顚倒夢想究竟涅槃三世諸
佛依般若波羅蜜多故得阿耨多羅三藐三菩提故知般若
波羅蜜多是大神呪是大明呪是無上呪是無等等呪能
除一切苦眞實不虛故說般若波羅蜜多呪即說呪曰揭諦
揭諦般羅揭諦般羅僧揭諦菩提莎婆訶

慕任堂合掌

반야심경

열정

연전에 소극장에서 연극 한 편을 본 적이 있다. 육십 년 만에 돌아온 백호 해를 기념하기 위해서인지 김헌근의 호랑이에 관한 내용이었다. 그곳에서 뜻밖의 배우 한 사람을 만나게 되었다. 그는 관객을 끌어당기는 흡인력이 대단했다. 시종일관 눈을 뗄 수 없었다. 불 뿜는 그의 열정은 잠자고 있던 내 영혼을 일깨워 눈뜨게 했다.

장소는 정말 초라하고 앉아 있기조차 거북스러운 곳이었다. 연극 하는 사람들의 열악한 환경을 엿볼 수 있었다. 불편하기 짝이 없는 의자와 사람이 지나갈 통로조차 있는 것 같지 않다. 무대는 벽에 페인트칠 한 것이 칙칙해서 으스스하기까지 하다.

清風高節
慕任堂

그만 나가고 싶었다. 하지만 같이 온 사람의 성의를 생각해서 극이 시작되기를 기다렸다.

한 젊은 학생이 나와 어설프게 공연이 시작됨을 알린다. 불이 꺼지고, 조명등이 한 곳을 비추었다. 조용한 음악이 흐르는 가운데 한 이야기꾼이 등장했다. 말쑥하게 정장을 하고 모자를 썼다. 얼굴에는 한가득 웃음을 머금었다. 관객석을 향해 1분 이상을 쓰~윽 둘러본다. 장내는 기묘한 정적이 흐른다. 이것이다. 그의 흡인력이 시작되었다. 백 명 넘는 관객들은 아무런 저항 없이 무대 위의 한 사람에게 집중되었다.

이 작품의 원작은 1997년 노벨문학상 수상자인 다리오 포가 상하이 교외에서 보았던 중국 만담꾼의 이야기다. 이것을 1999년 경북대의 K교수가 우리 민족의 이야기를 바탕으로 재각색한 것이 바로 모노드라마 '호랑이 이야기'이다.

일제 강점기에 경상도 시골에서 만주로 피신한 바우 할배가 있었다. 그는 우연한 기회에 독립군들의 전투에 참여하였다. 부상을 당하여 호랑이 굴에 들어간다. 마침 어미 호랑이는 새끼 한 마리가 익사하는 바람에 젖이 불어 힘들어한다. 바우 할배는 아기 호랑이 대신 호랑이 젖을 먹는다. 호랑이는 바우 할배의 상처를 핥아서 치료해준다. 서로의 아픔을 달래며 가족처럼 함께 지내게 된다. 그가 풀어내는 이야기를 듣다 보면, 모든 관객이 그의 이야기 속에 빨려 들어간다.

만주에서의 독립군 전투 장면에서는 '따콩따콩' 추임새를 넣어준다. 호랑이 굴에서는 '아흥 아흥' 어리광부리는 아기호랑이가 된다. 그가 온몸으로 뿜어내는 열정은 관객들로 하여금 호응하지 않을 수 없게 한다. 평범한 옛날이야기 속에 배우의 열정이 활활 타오르고 있다. 마음을 열면 만물이 대화를 할 수 있다는 강한 메시지를 담고 있다.

나는 연극을 보는 내내 배우의 열정에 박수를 보냈다. 소품이라고는 달랑 명주 목도리 하나, 이상한 상자가 전부다. 하지만 꿈을 향한 그의 열정은 연극이 끝난 후에도 나의 가슴에 그대로 옮아왔다.

얼마 전 티 없이 맑은 한 아이가 학원에 등록을 했다. 처음엔 내가 감당할 수 없을 것 같아 차마 받아들이지 못하고 망설였다. 아이들에게 참다운 가르침을 주고자 했던 마음은 어디로 숨어 버렸다. 아이 할머니의 간곡한 부탁으로 결국 아이를 받아들였다. 아이는 처음 생각보다는, 어눌한 말투지만 글도 곧잘 따라 읽는다. '나무 한 그루 풀 한 포기도 세상에 존재할 의미가 있다' 고 했다. 아이는 무슨 의미일까. 나에게 참사랑을 깨우치기 위함인지도 모른다. 그 애는 다른 아이들보다 몸이 불편하고, 부족한 아이이다. 나에게는 평정심을 잃지 않고 가르칠 인내심과 사랑이 필요하다. 모노드라마의 배우가 마음을 열면 만물이 소통하는 메시지를 혼신의 힘을 다하여 전하듯이…….

꿈을 이루고자 하는 열정은 역사를 이룬다.

1970년 7월 7일 경부고속도로가 개통되었다. 2년 5개월의 짧은 기간에 꿈은 이루어졌다. 당시 근로자들의 열정이 우리나라의 경제발전에 새로운 역사를 쓰고 있었다. 독일의 경제부흥을 이뤄낸 '아우토반' 고속도로를 보고 우리나라에도 고속도로 건설의 열망을 이루고자 했다. 그 열정으로 국토 대동맥이라는 경부고속도로가 탄생되었다. 편리함과 생산성이 우리의 생활을 윤택하게 하였다.

배우는 어떠한 환경에도 굴하지 않고 자신의 꿈을 펼쳐 보인다. 근로자들의 열정은 역사에 큰 획을 긋는다.

한 개인의 열정은 자신을 발전시키고, 나아가 다른 사람의 귀감이 된다.

나 또한 가슴에 담은 열정을 식지 않도록 절차탁마切磋琢磨 한다면 이 세상에 태어난 소임을 다할 수 있지 않을까 하고 어쭙잖은 용기를 갖는다.

둥치

벌초는 뿌리와 줄기를 굳건하게 다지는 일이다. 추석이 가까워져서 이번 주말은 일정이 바쁘다. 토요일은 시부모님 산소에 벌초를 하고, 일요일은 친정 부모님 산소에 벌초하러 가는 형제들과 동참하기로 했다.

일요일 아침, 남편과 함께 약속 장소로 향했다. 마치 친정 나들이라도 가는 것처럼 마음이 설레었다. 차창 밖에는 벌써 벼가 고개를 숙이고 알알이 영글어간다. 올여름은 유난히 가물었지만 시절은 풍성한 가을을 맞이한다. 선산은 고령 나들목을 벗어나 고령 쌍림면의 반룡사 가는 길을 지나고, 계속 가다 보면 배산임수로서 경관이 좋기로 이름난 벽송정이 있는 산자락이다.

선산이 있는 마을 입구 정자에 도착했다. 약속 시간에 맞추어 형제들이 하나 둘 모였다. 푸른 하늘을 배경으로 높이 솟은 노송은 농로 위로 가지를 드리우고 운치를 더해준다. 멋스러운 정자에서 간단하게 요기를 하고 산을 오르기로 했다. 몇몇은 사정이 있어 빠졌다. 그러나 팔남매에다 선친의 손부며느리, 증손자까지 완전 대가족이다.

예초기와 짐들을 들고 산을 올라간다는 것은 무리다. 사람들의 왕래가 적은 임도는 밀림의 정글이 연상될 만큼 우거졌다. 칡덩굴과 나무들이 엉켜있는 길을 사륜차에 예초기와 짐을 싣고 힘겹게 밀치고 올라갔다. 일 년 만에 오는 산소는 풀이 무성하여 보이지도 않는다. 부모님의 산소는 이제 자연과 더불어 하나가 되어 있었다.

선대 어른들과 선친의 산소에 잔을 올리고 벌초를 시작한다. 대가족이라 이런 때는 좋은 것 같다. 예초기 세 대로 시원스럽게 풀을 벤다. 산새들이 재재거리며 놀라서 날아오른다. 갈퀴로 잘린 풀들을 걷어내는 사람, 낫으로 정교하게 다듬는 사람, 일은 아주 빠른 속도로 진행되었다. 열 상구의 봉분이 말끔한 모습을 드러냈다.

벌초를 마치고 저마다 가져온 음식들을 펼쳐 놓으니 마치 소풍을 온 듯 화기애애하다. 칠순의 어른에서 갓 돌 지난 아기까지 즐거움이 넘친다. 주변을 휘 둘러본다. 각자 편한 자세로 앉은 모습이 눈에 들어온다. 위쪽에 맏집 할아버지가 가부좌를 하고 점잖게 앉아 있다. 그 일직선상에 그의 갓 돌 지난 손자가 똑같은 모습으로 앉아 있는 것이 신기하기만 하다.

갑자기 소목昭穆이 떠올랐다. 할아버지와 손자는 같은 배향을 하는 만큼, 그 친근함이 저절로 우러나온 것인가. 아들은 아버지의 자리를 범할 수 없지만 손자는 할아버지의 무릎에 앉는지라 조손간의 정리가 돈독한 것일까.

이렇게 온 가족이 다 모일 수 있다는 것은 조상들의 음덕이라는 생각이 든다. 산소 앞에서 언약이라도 하듯 술 한 모금씩을 마셨다. 음식을 함께 먹으며, 정답게 담소를 나누니 이보다 좋을 수 있을까. 지금에서야 그 옛날 병환이 깊어질수록 선친께서 하시던 말씀이 이해가 된다. "빨리 며느리를 봐야 하는데……." 늘 혼잣말을 하시는 것을 들었다. 나는 마음속으로 야속하게 생각했다. 과년한 딸은 걱정도 하지 않고, 두 살 아래의 동생을 결혼시키고 싶어 하다니 이해가 되지 않았다. 그러나 이제는 아버지의 마음을 알 수 있을 것 같다. 당신의 사후에 아들, 며느리, 손자까지 모여서 즐겁게 벌초할 수 있기를 바랐다는 것을. 혼령이 있다면 아마도 흐뭇해하지 않을까 상상해 본다. 대답 없는 선친께 작별을 고하고 산을 내려왔다.

돌아오는 길, 고령 나들목을 지나 고속도로에서 우연히 앞차와 삼각을 이루며 달리게 되었다. 승합차 두 대가 나란히 달린다. 천재일우의 만남이 이런 것일까. 뒤따라가며 바라보는 우리까지 삼위일체가 되었다. 한 대는 ○○○유아원 차량이고, 다른 한 대는 '낮 동안 어르신을 모십니다.' 라고 적혀 있는 양로원의 차량이다. 안정된 속도로 마치 손자와 할아버지가 등판을 달고 달리는 듯 묘한 착각에 빠진다.

유아원을 머리에 떠올리는 순간 입가엔 저절로 미소가 지어진다. 영유아들의 고 앙증맞은 손, 방긋방긋 웃는 얼굴, 넘어질 듯 아장아장 걷는 모습이 눈에 선하다. 제법 의젓해진 입학 전 유치부의 재롱둥이들, 그들이 펼치는 세계는 마냥 푸르고 싱그럽기만 하다.

반면 어르신을 모시는 양로원의 모습은 어떠한가. 초점 잃은 어르신들의 멍한 일상이 시작된다. 다시 어린애로 돌아간 어르신들의 유아원이다. 아침에 자녀들의 배웅을 받으며 등원을 한다. 도리도리 짝짜꿍도 하고, 그림도 그리고, 치매 예방을 위해 많은 놀이도 한다. 저녁이면 하루 일과를 마치고 자녀들 품으로 돌아온다. 이런 시설이 있다는 것은 예전에는 상상도 못 할 일이다. 유치원 차량의 주인공은 누군가의 사랑스런 손자이고, 어르신들은 또한 어떤 손자의 할아버지이다. 두 차량을 이렇게 동시에 보면서 많은 생각을 하게 된다.

시대가 변한 만큼 노인을 모시는 풍속도가 크게 달라지고 있다. 바쁘게 살아가는 현대의 젊은 부부들은 자녀는 종일반 유치원에 보내고, 부모님은 낮 동안 어르신을 모시는 곳으로 보내드려야 하는 어려움을 겪고 있다. 조부모와 손자 사이에 이 모든 것을 감당해야 하는 아들 부부가 있다. 삼대로 이어지는 연결고리가 튼튼할 때 한 집안의 안녕을 기약할 수 있는 일이 아닐는지…….

어버이 살아계실 때 예로써 다하고, 돌아가신 후에도 예로써 다하는 것이 자식의 도리라는 성현들의 가르침이 있다. 시대가 다르고 환경이 변하여도 그 근본은 변하지 않는다. 사랑으로 태어나서, 부지런히 살고, 편안한 곳으로 돌아가는 일은 영원히 이어진다. 할아버지란 뿌리에 손자인 줄기들이 뻗어 건강하고 실하게 자라기까지는 뿌리의 자양분을 줄기까지 연결하는 아들인 둥치의 헌신적인 노력이 없이는 이루어질 수 없는 일이다. 가족을 아우르며 벌초를 하는 것이나, 귀여운 자녀를 유치원에 보내고 몸이 불편한 어르신을 새로운 방식으로 모시는 것은 둥치의 역할의 엄중함이리라. 이러한 일련의 일들이 세대를 이어가는 둥치들의 고단하지만 보람 있게 살아가는 모습일 터이다.

벌초는 단순하게 풀을 베는 작업이 아니다, 자손들에게 깊은 감동과 깨우침을 주기 위한, 선친들의 지혜로운 마음이 깃들어 있는 숭고한 행위일지다.

淸香萬里

蕙任堂

승무

천지가 개벽한 듯 주위는 온통 칠흑 같은 어둠이다.

'똑,똑, 또르르~ 똑,똑.' 목탁소리가 잠든 세상을 깨운다. 이어 애절한 피리소리와 동시에 하늘이 열리며, 가느다랗고 하얀 빛이 신비감을 더해주는 안개 사이로 비추인다. 그곳에는 하나의 점과도 같은 작은 생명체가 움직이고 있다. 마치 알에서 부화하는 가녀린 새의 모습을 연상하게 한다. 움찔움찔 점점 펴지는 모양새는 미약하나마 절도 있는 작은 새의 첫 날갯짓인 양 간절하다.

날개를 펴는 만큼 어둠은 점점 밀려나고, 환한 창공을 날아오르는 한 마리 새가 된다. 아릿한 춤사위는 대금과 피리가 엮어

내는 절묘한 가락과 어우러져 관중들을 무아의 세계로 이끌어 간다. 세상을 다 덮을 것 같은 긴긴 소맷자락을 드리우고 조그만 북채로 법고를 두드린다. 둥~ 둥~, 마음 저 깊은 곳까지 울림이 온다. 북소리가 점점 고조될수록 마치 이승이 아닌 다른 세상의 영령들을 위로하려는 절규와도 같이 느껴진다.

지그시 눈을 감는다. 파리하도록 하얀 얼굴에 슬픈 미소를 머금은 한 아이가 떠오른다. 가엾은 아이, 저 북소리를 듣고 위로가 될까. 가슴이 울먹해진다. 열일곱, 청순한 꽃봉오리 아름답게 피지도 못하고 부모의 가슴에 화석이 된 아이. 마지막까지도 정신이 너무 맑아 우리를 더욱 슬프게 하던 아이. 곁에서 손을 어루만지며 눈물짓는 나에게 "이모야, 청승떨지 마라." 하다가 또 "사실은 나 죽기 싫어." 하면서 슬퍼하던 아이가 우리 곁을 떠난 지도 아득한 세월이다. 오늘 불현듯 북소리와 함께 떠오르는 까닭이 무엇일까.

가사장삼에 고깔을 쓴 무용수의 처연한 아름다움과 혼을 실은 춤사위는 맑은 영을 부르는가. 법고 소리에 맞추어 외씨버선의 발끝 따라 한 마리 나비가 된 듯이 나풀나풀 춤추는 아이의 환영을 보는 듯하다.

아이를 먼저 보낸 것은 누구의 잘못인가 자책해 본다. 가난이

죄라고 하기에는 너무 무책임하다. 어른들의 어리석음과 의술의 미숙함이라는 변명은 아이의 억울함이 더 클 것 같다.

어린 나이에 그는 백혈병이란 청천벽력 같은 진단을 받았다. 대학병원에서도 별다른 대책이 없는지 날이 갈수록 병은 깊어졌다. 요즈음은 골수 이식을 하여 치료가 되는 경우도 있다는데, 그때는 엄두를 내지 못했다. 입원과 퇴원을 반복하는 동안 언니의 경제적 어려움은 심해갔다. 엄청난 빚만 남기고 마침내 아이를 떠나보내게 되었다.

창자를 끊어내는 아픔을 겪는 언니를 바라보는 마음은 더욱 처절했다. 한 줌의 재가 되어 나올 아이를 기다리는 동안 만감이 교차했었다. 무심한 땅에서는 숨이 넘어갈 듯 울부짖으며 몸부림치는 어미가 있고, 슬프도록 파란 하늘에는 하얀 연기가 되어 올라가는 딸아이가 있었다. 멍청하게 언니의 어깨를 감싸 안을 뿐 위로할 말을 잃었었다. 피부가 유난히 희고 성격이 명랑했던 아이는 허망하게 우리들의 곁을 떠나갔다.

이렇게 가슴에 묻었던 아이가 불쑥 마음을 아리게 한다. 삼현육각의 음률이 정신을 흔들어 놓는다. 느리면서도 절도 있는 춤사위는 동공마저 흐리게 하며 다가온다. 고수의 장단과 무용수의 혼신의 힘을 다한 북소리는 점점 고조되어 심장에 파도를 일으킨다. 그 후로 감히 말하지 못하고 가슴에 꽁꽁 묻어 두었던 아이가 너울너울 춤을 춘다. 이미 건강한 몸으로 환생하였을지도 모를 아이를, 공연스레 붙잡아 두고 마음 아파하지는 않았는지 깨우쳐 주려는 듯하다. 아이의 환영은 몸놀림이 경쾌해진다. 고수의 장단과 잦아지는 북소리는 마음에 평온을 가져온다. 환하게 불이 켜지자 마치 꿈속을 헤매다 막 잠에서 깬 것 같다.

며칠 전, TV에서 외국의 어느 어머니의 아들 사랑을 보았다. 평소에 세계여행을 하고 싶어 하던 아들이, 그 꿈을 실현하기도 전에 젊은 나이에 생을 마감하게 되었다. 어머니는 아들에 대한 애틋한 마음을 달랠 길이 없었다. 그러다 문득 사별한 아들에게 세계여행을 시켜 주기로 마음먹었다. 인터넷에 사연을 올리자 세계 곳곳에서 위로의 답변이 왔다. 어머니는 아들의 분골을 세계 각처로 보냈다. 아들은 낯선 사람들의 위로와 환대를 받으며 세계를 여행하게 되었다. 어머니는 아들에 대한 마음의 짐을 덜어내며 위로 받고 있었다. 비록 정서가 달라 사랑하는 방법은 다를지라도 자식에 대한 순수한 사랑은 다르지 않다는 생각이 든다.

연전에 지인 중 한 사람이 영혼결혼식을 시켰다는 이야기를 들었다. 사랑하지만 보내야 하는 부모의 애절한 마음은 영혼결혼식이라는 화려한 의식을 통해서 위로 받으려 하나 보다. 얘기인즉 '미혼의 자녀를 잃은 어머니가 신랑 어머니와 신부 어머니의 자격으로 상견례를 하고 혼인식을 약속한다. 길일을 정하여 결혼식을 올린다. 신부의 신주를 신랑의 어머니에게 건네주면서 진정한 부부가 되는 의식'이라고 한다. 지극정성을 다하는 가엾은 어머니들의 이야기를 들으며 감히 무어라 말할 수가 없었다. 그들만이 느낄 수 있는 무언가가 분명히 있을 것 같다는 생각이 든다.

상처가 나면 병원으로 달려가 치료를 한다. 눈에 보이는 육신의 치료는 쉬운 일이다. 그러나 마음의 상처는 어떻게 치료해야 하는지 잘 알지 못한다. 자녀를 잃은 깊은 상실감에서 오는 상처일수록 더욱 그러할 것이다. 외국의 어머니도, 영혼결혼식을 치르는 어머니도 그 어떤 것으로도 채울 수 없는 허전함을 위로 받고 싶은 몸부림이었으리라.

오늘, 나 역시도 승무로 인하여 위안 받고 있음에 놀란다. 승무의 음률이 심장을 파고드는 순간, 그동안 가슴속에 봉인되어 있었던 슬픈 아이가 해제되는 것을 느낀다.

무용수와 아이와 나는 하나가 되었다. 한바탕 흐느적거리며 놀아본다. 충분히 애통해 하다가 드디어 애절한 희열을 느낀다. 그 옛날 아이와 헤어지던 날부터 은연중에 금기가 되어버린 아름다운 추억들이 추모하는 마음으로 서서히 되살아난다. 이제는 가벼운 마음으로 사별이 아닌 이별을 할 수 있을 것 같다. 지울 수 없을 것 같았던 아픔에서 애잔한 그리움으로…….

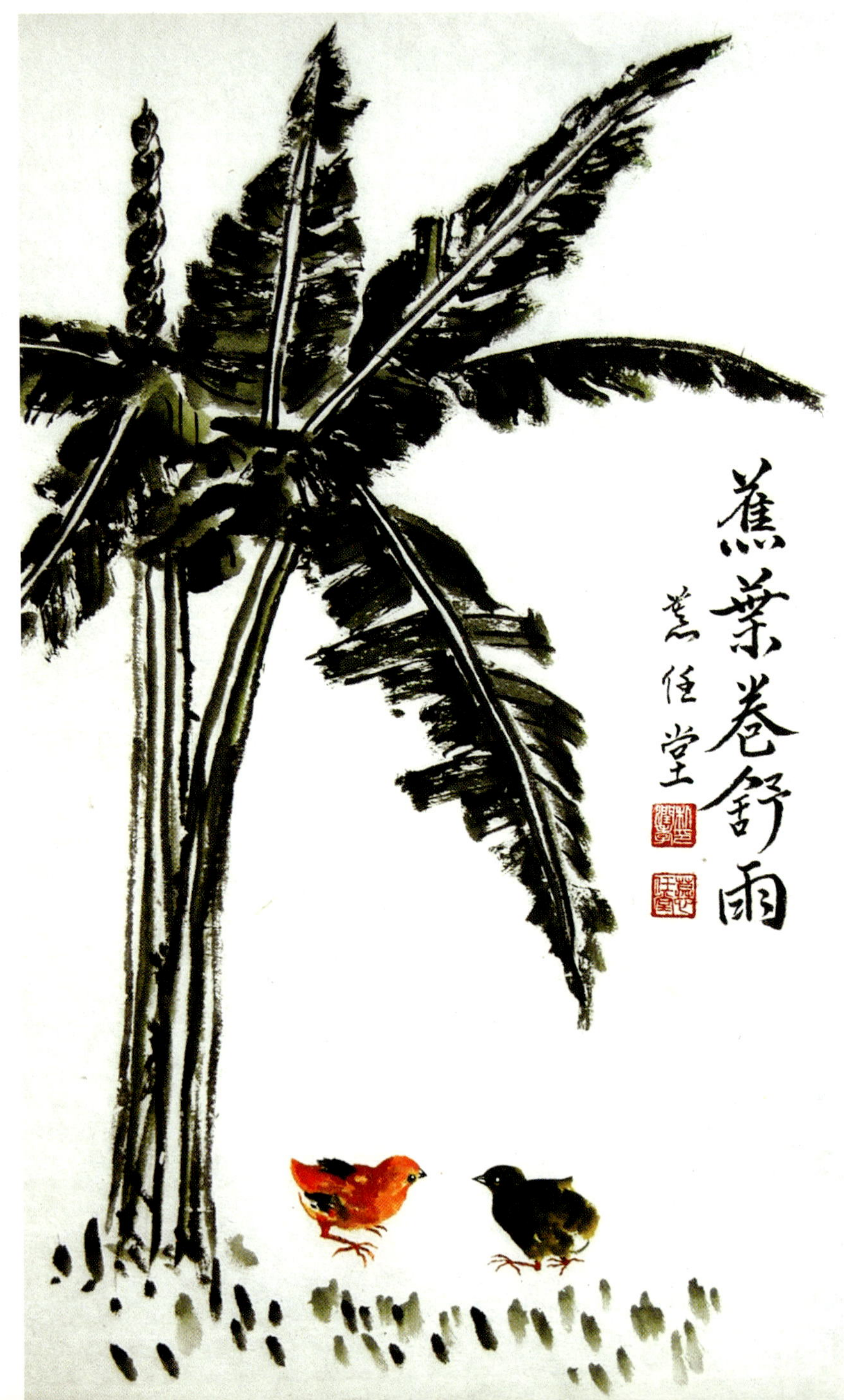
蕉葉卷舒雨

가시

싱싱한 오이가 먹음직스럽다. 상큼한 향내가 침샘을 자극한다. 조심스럽게 다루어야 한다는 생각이 뇌리를 스친다.

얼마 전 오이 가시에 상처를 입은 경험이 있다. 가시에 찔린 손가락이 발갛게 부어올랐었다. 남들이 들으면 코웃음을 칠 것이다. 사람이 얼마나 허술하면 오이 가시에 찔리나 하고 핀잔을 들을 일이다.

그 날도 저녁 찬거리로 오이를 씻었다. 싱싱한 것이 표면이 거칠거칠하고 가시가 돋아 있었다. 딴에는 깨끗하게 손질한다고 뽀독뽀독 소리가 나도록 문질렀다. 무심결에 한 이 행동이 사고를 불렀다. 고무장갑을 끼지 않은 맨손인지라 오이 가시가 손가락에 깊이 박혔다. 소염제를 먹어야 할 정도로 상처가 덧나 며칠을 앓았다. 생각지도 않은 오이 가시의 공격에 무척이나 당황스러웠다.

세상에는 오이뿐만 아니라, 모든 식물들에게는 가시가 있는 것 같다. 호박꽃의 솜털 같은 작은 가시에서부터 엄나무와 장미꽃처럼 날카로운 짐승 이빨 같은 가시가 있다. 아마도 자신을 보호하기 위한 무기가 아닐까 하는 생각이다.

사람에게도 가시가 있는 것 같다. 식물의 가시처럼 보호용으로도 쓰이고, 반대로 공격용으로도 사용되는 것을 보았다. 일학년 어린이가 여리고 고운 입에서 가시 돋친 말들을 쏟아놓으며 괜히 센 척한다. 부모의 울타리를 벗어나 홀로 자신을 지켜야 한다는 보호본능이 발휘되는 것이리라. 이렇게 부드러운 가시와는 달리 남에게 생채기를 내는 날카로운 가시는 두려움의 대상이기도 하다. 무방비 상태에서 가시에 찔리면 내상을 크게 입는 경우도 있다.

매우 상쾌한 아침이었다. 항상 무겁기만 하던 몸이 가뿐하다. 랄랄라~ 즐거운 마음으로 남편이 좋아하는 생나물 무침을 만들고 찌개도 보글보글 끓여서 식탁에 올렸다. 마주 앉아 막 식사를 하려는 순간, 남편의 휴대폰이 길게 울렸다. 아무 생각없이 휴대폰을 가져다주었다. 그러자 남편이 버럭 소리를 질렀다. "그냥 둬라" 날카롭고 무지막지한 가시가 심장에 콱 박혔다. 왼쪽 가슴이 뭉치면서 아파 오기 시작했다. 아무 말도 못 하고 방으로 뛰어가서 가슴을 쓸어내렸다. 이것은 생각을 할 여유가 없는 내상이었다. 서로가 언쟁을 하거나 할 때라면 가슴에 방어막이 형성되어 상처를 입지 않는다. 하지만 무방비 상태에서 입은 상처는 며칠이 가야만 심장의 근육이 이완이 되는 것을 이미 경험으로 알고 있다. 평소에는 남편의 핸드폰이 울려도 신경 쓰지 않는다. 그날 아침은 하필이면 옆에서 울리기에 무심결에 한 행동이었다. 남편의 어떤 심기를 건드렸을까 궁금하다. 오이 가시에 찔렸을 때처럼 약을 사먹을 수도 없는 내상인지라 상처가 아무는 시간이 길어졌다.

그러는 동안 많은 생각을 하게 되었다. 남편의 버럭 가시에 찔려도 내상을 입지 않으려면 마음을 부드러운 순두부처럼 만들어야 하나 궁리를 했다. 그러다가 안중근 의사의 "하루라도 책을 읽지 않으면 입 안에 가시가 돋는다." 하는 말을 떠올렸다. 그렇다면 남편에게도 마음을 다스리는 방편으로 책을 읽으라고 권해 볼까. 별의별 생각을 하는 며칠 사이에 통증은 점점 가라앉고 있었다.

처음에는 남편의 버럭 하는 급한 성격을 원망하는 마음이 컸다. 이 나이가 되도록 젊은 시절의 성격을 고치지 못하고 나를 괴롭힌다는 생각이 들었다. 버럭 화를 내고 난 다음 항상 자신의 못된 성격 때문이라고 말하는 남편이다. 그 말을 그대로 믿었다. 그러나 불현듯 떠오르는 한 생각이 뇌리를 스친다. 혹시나 남편도 내면에 여리고 여린 어린아이가 자리하고 있는 것은 아닐까 하는 의구심이 들었다.

남편은 일찍이 홀로 된 거칠고 억센 어머니와 여러 형제들 사이에서 성장했다. 조그만 체구로 당당하게 서기 위한 보호본능이 굳어져 습관처럼 불쑥 나오는 것이 아닐까. 생각이 여기에 미치자 그동안 헤아리지 못한 것이 미안해진다. 한평생을 가시를 곧추세우고 지켜온 가정이라는 생각이 든다. 남편의 가시울타리 안에서 평화롭게 살아온 것을 깨닫지 못한 것이 부끄러워진다. 아니, 어쩌면 나의 어떤 행동으로 인해 본능적으로 기선을 제압하려는 행위였는지도 모른다. 그동안 가장으로서 당연한 희생이고 책임이라는 생각뿐이었다. 그의 존재가 같은 시간대에 공존하는 한 남자로 보이기 시작한다. 한 여자의 남편으로, 두 아이의 아버지로 한 세상을 살아오면서 지치고 힘들었던 시간들이 많았을 것이다. 그래서 그의 뇌는 항상 긴장 상태였을 것이리라.

원인은 내 안에 있는 듯하다. 솜털 같은 가시든 날카로운 가시든 살피지 못한 잘못이 크다. 무심코 한 나의 행동이 상대로 하여금 가시를 세우게 하고, 나 또한 무심결에 행동한 상대에게 가시를 세우는 것은 아닌지 하는 생각이 든다.

마침내 실수 없이 오이 손질을 마쳤다. 맛깔스런 오이소박이, 오이초무침이 저녁밥상을 더욱 싱그럽게 한다.

낙엽

원두막에 늦은 가을이 서서히 밀려온다. 가을이 깊어지니 생각 또한 깊어진다. 멀리 조그마한 집들이 하늘과 맞닿아 고요하다.

국화차 한 잔을 들고 등나무 밑에 앉았다. 풋내기 농부의 잠시 휴식은 꿀맛이다. 은은한 차향을 즐긴다. 시원한 바람에 저절로 하늘을 우러러본다. 소슬바람에 나뭇잎이 꽃비처럼 내린다. 햇빛을 받아 반짝거린다. 떨어지는 나뭇잎이 이렇게 아름다울 수가……. 넋을 놓고 바라본다.

찰나의 아름다움에 흠뻑 취하여, 나뭇잎 하나를 골라 따라가본다. 나뭇잎은 천천히 유영하듯 날고 있다. 날개도 없으련만 아주 가벼이 자신의 몸을 온전히 바람에 맡긴다. 순종의 미덕일까. 잎사귀는 마치 반짝이는 보석이 무리지어 내리는 듯 황홀하다. 숲은 이미 사라져 나목이기에 더욱 찬란하다. 푸르른 하늘이 나뭇가지 사이로 배경이 되어 순간의 아름다운 조화는 절정을 이룬다.

이미 떨어져 젖은 낙엽도 아니고, 쓸모가 없어 태워지는 낙엽도 아니다. 바람에 순응하며 찬란하게 떨어지고 있는 낙엽이고 싶다. 나뭇가지에서 떨어지는 아픔도, 퇴색되어 가는 고운 빛깔도 견디어 내는 낙엽이고 싶다. 아직은 천천히, 아주 천천히 세상을 바라보고 싶다. 배경이 되어 주는 하늘이 얼마나 푸른지, 솜털 같은 구름은 어떻게 변하는지 느껴보고 싶다. 동락산 봉우리에서 토해내는 외로운 둥근달은 얼마나 통실해졌는지, 느지막이 떨어진 밤송이의 이불이 될 때까지 바람에 의지하는 낙엽이고 싶다.

국화차 한 모금을 여유롭게 음미한다. 혀끝에 감도는 따뜻한 온기가 온몸을 깨운다.

등불

촛불은 자신의 몸을 태워서 어둠을 밝힌다.

비록 세상의 빛은 되지 못하나 부처님의 원력으로 '자비의 등불' 을 밝히는 데 작은 힘이나마 동참을 할 양으로 동화사를 찾았다. 형형색색의 아름다운 등이 주인을 기다리고 있다. 때마침 한 남자분이 가족들의 이름이 적혀있는 꼬리표를 힘들게 달고 있다. 가족을 위한 기도는 보통 어머니들의 몫으로 생각한다. 이 생소한 모습에 가슴이 뜨거워진다. 아내와 자식들에게 '지혜의 등불' 을 밝혀주고 싶은 부성애, 높은 받침대에서 겨우 중심을 잡으며 정성스레 달고는 내려와서도 안전한가 또 확인을 한다.

문득 한 사람이 떠오른다. 마음을 표현 못 하고 있지만 퉁명한 말투 속에 질박한 사랑을 품고 있는 사람. 추운 겨울날 시골 다녀오면 연탄불은 꺼져 있었다. 온기 없는 냉방에서 감기라도 걸릴세라 아내와 아들을 이불로 감싸놓고, 빠르게도 연탄불을 피웠다. 방 안 가득 따뜻한 훈기로 가족을 보듬어주던 사람. 아버지들의 사랑은 아마도 이런 것인가 보다. 오늘 스쳐가는 이 인연에 내 마음이 행복해진다.

'반야심경' 가운데 "안이비설신의와 색성향미촉법으로 인하여 108번뇌가 생성된다."는 구절이 있다. 눈으로 아름다운 세상을 보고, 귀로 귀한 법문을 들으며, 코로는 그윽한 향기를 맡고, 혀로는 물 한 모금의 청량함을 맛보고, 몸으로 대자연을 느끼며, 의로써 법을 세운다. 좋은 인연으로 때 묻은 한 생각을 내려놓으면 108번뇌가 소멸된다고 한다.

마음의 등불을 밝히고 돌아오는 내 얼굴이 아마도 환해졌으리라.

인연

참새 한 쌍이 날고 있다. 이 가지 저 가지로 옮겨 다니며 놓칠세라 뒤따르는 모습이 다정한 부부 같다. 조금 더 큰 날갯짓하는 놈이 수컷이고, 한 뼘 차이로 뒤따르는 귀여운 녀석이 암컷이리라. 어찌나 다정하게 날아다니는지 한참이나 정신을 잃고 쳐다보았다. 사람도 저들처럼 살 수만 있다면 얼마나 아름다울까.

우리 부부는 주말이면 고향에 있는 주말농장에 간다. 숲속의 작은 원두막에 올라 쉬노라면 신선한 공기에 마음속까지 맑아진다. 헐렁한 바지에 밀짚모자를 눌러 쓴 모습은 제법 농부 같다. 도란도란 속삭이며 밭고랑을 가꾸다 보면 시간이 흘러가는 줄도 모른다. 밭을 가운데 두고 뒤로는 동락산이 병풍처럼 둘러쳐 있고, 앞을 바라보면 멀리까지 확 트인 논들이 마음까지 환하게 해 준다.

새벽 안개 속을 달려 농장에 도착했다. 여가생활로 하는 농사라지만 이번 주는 할 일이 많아서다. 식재료에 필요한 참깨, 콩, 더덕, 가지 등 여러 가지를 심어 놓았다. 하우스 안에는 고추 200포기와 고구마도 심어져 있다. 고랑에 비닐을 덮고 고추를 심은 후 버팀목을 세워준다. 초보 농사꾼인 우리에게는 결코 쉬운 일이 아니다.

한낮이 가까워 오니 하우스 안의 열기가 후끈거린다. 쉴 겸 밖으로 나왔다. 상쾌한 바람이 얼굴을 스친다. 바위틈 사이로 졸졸 흐르는 물에 손을 씻고 원두막에 올라간다. 아무에게도 방해받지 않으니 정말 좋다. 자연 속에서 오직 우리 둘만의 시간을 헤이즐넛 향과 더불어 즐기니 신선이 따로 없다. 쉬지 않고 흐르는 물소리를 교향곡 삼아 한낮의 평온함에 빠져든다.

남편이 원두막에서 졸고 있다. 끊임없이 솟아오르는 샘물 소리만 더욱 크게 들린다. 그때 어디선가 맑은 음색의 재재거리는 소리가 들렸다. 반가움에 소리 나는 곳을 살폈으나 아카시아 잎만이 햇빛에 반짝거린다.

소리가 이 나무에서 저 나무로 옮겨 다닌다. 소리 나는 곳을 향하여 눈이 나뭇가지들을 하나씩 더듬어 올라간다. 나뭇잎도 아닌 것이 아주 작은 움직임이 보인다. 엄지손가락만 한 아주 작은 참새 한 쌍이 서로 화답하며 정담을 나누는 모습이 보인다. 아카시아 가지에 잠시 모습을 나타냈던 새가 누가 훔쳐보는 것을 눈치챘는지 느티나무 꼭대기에 숨었다. 가만히 숨을 죽이고 모습을 드러내기를 기다린다. 내가 저들을 해롭게 하지 않을 터인데도 내 마음을 전할 수가 없어 안타깝다. 나를 보고 날아오지 않을까 봐 미동도 하지 않았다. 곧 새 한 마리가 모습을 나타내자 다른 한 마리도 뒤이어 나타난다. 바로 앞 나뭇가지에 앉았다. 얼마나 앙증맞은지 한번 만져보고 싶다.

어린 참새가 내 마음을 모르고 두려워했나 보다. 신혼 때 나도 남편을 무척이나 두려워했었다. 부부의 인연으로 만나 벌써 삼십오 년을 살았다. 돌이켜보아도 남편 말을 거슬러본 적이 없다. 불같은 성격 탓에 두 번 물어볼 용기도 내지 못했다.

그러던 어느 날 용기를 내어 남편에게 술 한잔하자며 술상을 차렸다. 주거니 받거니 하다가 슬며시 하소연을 했다.

"당신이 무심코 던지는 큰 목소리는 심장이 움츠러들어 아프기까지 해요." 그러자 뜻밖에도 남편은 "성격 탓이지 마음은 그렇지 않다."라고 하는 것이 아닌가. 남편 역시 나를 의식하여 마음대로 일을 처리한 적이 결코 없었다고 강조를 한다. 우리는 서로를 두려운 존재로만 알고 있었던 것이다.

우리 두 사람은 이제 서로를 두려워하지 않게 되었다. 보이지 않으면 걱정하고, 아침에 일어나면 등이라도 '툭' 칠 만큼 친근해졌다. 이제라도 마음을 알게 된 게 여간 다행이 아니다 싶다. 세상의 모든 만물은 누구라도 먼저 적의가 없음을 알리는 것이 화합과 평온을 이루는 첩경인 것 같다. 참새도 내 마음을 알고는 멀리 날아가지 않고 머리 위를 맴돈다.

남편이 일을 마무리하자며 일어났다. 아기 참새는 하늘로 날아가고 재잘거리는 소리는 푸른 숲속에서 끊어졌다. 적막 속에 물소리만이 더욱 크게 들린다. 호미로 밭고랑의 풀을 뜯으며 혹시나 다시 돌아오지 않을까 귀를 기울인다.

| 해설 |

서예로 벼려 온 예술혼, 문학으로 꽃피우다

– 박윤효의 수필 세계

곽 흥 렬 | 수필가

1. 들어가는 말

불가에서는 우리 현세의 삶을 일러 '고해苦海'라고 부른다. 인생사의 고통은 바다 같아서 그 깊고 넓음이 끝이 없다는 뜻일 게다. 고통 없는 삶이 어디 있겠는가. 우리네 인생살이란 끊임없이 엎어지고 깨어지면서 넘어야 하는 장애물 경기 같은 것이다. 이 때 자기 앞에 가로놓인 장애물을 걸림돌로 여겨서 좌절하는 사람이 있는가 하면, 그것을 디딤돌로 삼아서 도약하는 사람도 있다. 전자의 경우는 아무리 시간이 흐른다 한들 백년하청이지만, 후자의 경우는 시간의 흐름과 더불어 갈수록 생이 넓어지고 깊어진다. 그래서 그런 사람에게서는 농익은 향기가 풍겨난다.

수필가 박윤효는 당연히 후자의 길을 걸어 온 사람이다. 그의 한평생은 간단없는 도전과 응전의 삶이었다. 자신에게 주어진 녹록지 않은 도전 앞에서 그는 결코 실망하거나 좌절하지 않고 불굴의 의지로 응전해 냄으로써 아름다운 인생의 역사를 써 왔다. 불타는 의지로, 서예에서 출발하여 마침내 문학으로 꽃을 피웠다. 박 수필가의 고단했지만 아름다운 삶의 자취를 따라가면서 그의 문학이 어떻게 그의 인생을 담아내고 있는가를 음미하는 일은, 독자들에게 잔잔한 즐거움과 기쁨을 선사하게 될 것임을 믿는다.

2. 배움에의 목마름으로

박윤효 작가의 수필이 지니고 있는 매력은 진솔성이다.

그는 어린 시절을 누구보다도 힘겹게 보냈다. 물론 처음부터 그랬던 것은 아니다. 그의 인생이 꼬이게 된 것은 아버지의 사업 실패로 인해 집안이 어려움을 겪게 되면서부터이다.

그의 아버지는 본래 "낮에는 밭 갈고 밤에는 책읽기를 좋아하는 시골의 평범한 농부"였다. 그랬던 것이, 춘궁기를 견디기 어려웠던 가정형편에다 자식들 교육 문제 때문에 도시로의 탈출을 감행한다. 막상 도시에 나오긴 했지만 그의 가족은 생계가 막막했다. 준비 없이 무작정 감행한 도시에서의 삶이 처음부터 녹록할 수가 있었겠는가. 하루하루 입에 풀칠하기도 버거운 생활의 연속이었음은 묻지 않아도 그림이다. 이러한 상황에서 가족 구성원들인들 마음이 편했을 리가 없다.

그 상황을 보다 못한 박 수필가는 서문시장에서 찹쌀떡 장사를 한 적이 있다. 그때가 초등학교 5학년 시절이었다. 그러고 보면 그는 일찌감치 철이 들었던 듯싶다. 건축업을 하던 그의 아버지가 겨울철만 되면 일거리가 끊겨 입치레가 막막했기 때문이다. 한창 뛰어놀기 좋아할 나이에 가족의 생계를 돕느라 생활전선에 나섰으니 어린 마음이 어떠했을 것인가는 충분히 미루어 헤아릴 만하다. 그러한 상황을 그는 이렇게 적고 있다.

> 혼수를 준비하는 손님들이라 장사목이 될 거라면서 점포로 올라가는 계단에서 화롯불을 피우고, 그 위에 석쇠를 올려놓고 찹쌀떡을 구워서 팔았다. 창피하고 부끄러워서 얼굴을 들 수가 없었다. 반 친구라도 만날까 봐 마음을 졸였다.
>
> 몰골은 어떠했던가. 단발머리에 몽당치마, 다 낡은 운동화에 손은 얼고 터져서 피가 나고, 초라한 나의 모습에 어디로 숨어 버리고 싶은 심정이었다. 화사한 한복을 곱게 입은 포목상 아주머니들은 대갓집 마나님 같고, 우중충하고 낡은 옷을 걸치고 찹쌀떡을 굽는 자신은 마치 하녀가 된 듯하여 슬픔이 밀려왔다. 그나마 다행인 것은 특별히 다른 간식꺼리가 없던 시절이라 찹쌀떡은 생각보다 잘 팔렸다는 것이다. 부끄러움은 잠시 접어두고, 서툰 솜씨지만 열심히 구워서 팔았다. 잘했다고 아버지께 칭찬을 들을 것을 생각하면 위안이 되었다. 이렇게 긴긴 겨울을 보냈다.
>
> –「겨울이 지나면 봄이 오듯이」 중에서

이뿐이 아니었다. 방학만 되면 이것저것 닥치는 대로 일을 하면서 가족의 생계를 거들어야 했다. 서문시장에서 찹쌀떡 장사도 하고 수예점에서 점원 노릇도 마다하지 않았다. 옷 만드는 공장에서 '시다' 라고 불리는 아르바이트를 한 일도 있었다. 어린 시절에 겪은 이러한 일련의 밑바닥 체험이 그의 수필을 푼푼하게 하는 데 노둣돌이 되었음은 두말할 나위가 없을 것이다.

박 수필가도 집안이 거센 풍랑을 만나기 전에는 꿈 많고 생기발

랄한 소녀였다. 비록 그리 넉넉하지는 못했어도 공부 잘하고 착하기만 한 아이였다. 그는 대구 최고의 명문 중학교였던 경북여중을 다니게 된 기쁨을 누렸다. 이 이력을 뿌듯한 자부심으로 가슴속에 고이 간직하고 있다. 그러기에 초등학교를 졸업하고 중학교 입학시험을 보던 날의 감회를 반세기라는 기나긴 세월이 흐른 지금도 잊지 못한다.

> 시험 보는 날 우리 집에서는 아무도 동행하지 않았다. 나는 선생님의 인솔 하에 불안한 마음을 달래면서 시험장에 도착했다. 1교시 시험을 마치고 나오면 게시판에 정답을 붙여 놓았다. 아이들은 정답을 맞춰보면서 더욱 불안해하였다.
>
> 그렇게 4교시를 마치고 점심시간이었다. 긴장도 풀리고 아이들은 즐겁게 점심 도시락을 먹기 시작했다. 도시락을 푸는 순간 나는 놀라서 다시 닫아 버렸다. 순 꽁보리밥에 된장이라니 창피해서 먹을 수가 없었다. 조용히 밖으로 나왔다. 게시판에서 정답을 맞춰보고 있는데, 친구 어머니를 만났다. 시험 보느라 고생한다며 따뜻한 찐빵을 사 주셨다. 고마움과 서러움이 한꺼번에 몰려와 가슴이 찡하고 눈시울이 붉어졌다. 한 입 베어 무는데 그 따뜻하고 달콤한 팥 맛은 지금도 잊을 수가 없다. -「잊을 수 없는 순간」 중에서

아이들이 시험을 보러 가는 날이면 부모들이 더 극성인 요즘 세태와 견주어보면 얼마나 대견하고 의젓한 아이였는지 짐작하고도 남을 것 같다. 온실 속의 화초처럼 커가는 오늘의 아이들과는 달리 일찌감치 홀로 서는 연습에 길들여졌으니, 그 점이 어른이 된 지금도 누구보다 생활력 강한 인격체로 살아가는 바탕이 된 것이 아닌

가 싶다.

착하고 성실한 학생이었기에 선생님의 사랑도 많이 받았던 모양이다. 당시 담임교사는 자신이 보는 책을 빌려 주고 공부하는 데 도움이 될 갖가지 자료들도 챙겨 준다. 그는 담임교사의 이러한 배려를 오래도록 잊지 못하고 기억의 곳간에 고이 간직하고 있다. 그러면서 살아가는 내내 그의 인생의 디딤돌로 여기며 고마워한다.

> 벗어날 수 없었던 가난의 굴레와 배움에 대한 좌절 속에서 나를 버티게 해준 잊을 수 없는 순간이다. 충분한 가능성을 가지고 태어났다는 자부심으로 가슴 한가운데 작은 궁전을 짓고는 스스로 가난한 궁전의 공주가 되었다. 공주는 남루한 옷은 입었을망정 의기는 살아 있어야 한다. 남몰래 눈물은 흘릴지언정 항상 당당하고 의연해지려 뼈를 깎고 살을 에는 아픔을 감내하려 노력했다.
>
> 지금도 내 안에는 늙지 않는 공주가 살고 있다. 그 공주의 이름은 '자존감' 이라 부른다. 세월의 물결에 깎이고 다듬어져서 이제는 몽돌이 되어가는 공주다. 그러나 부서지고 깎인다 해도 몽돌의 본체는 돌이듯이 영원히 본성을 잃지는 않으리라. 여전히 감동의 순간들을 만들어 가면서 최선을 다해 살아가리라. 그것이 내가 살아가는 이유이고 힘이니까. -「잊을 수 없는 순간」 중에서

도시로 나온 몇 해 만에 그의 아버지는 비로소 돈벌이다운 벌이를 할 수 있었다. 고생 끝에 낙이 찾아온다고, 우여곡절을 겪으며 건축 사업이 비로소 제자리를 잡기 시작한 것이다. 그때부터 그도 아버지 덕분에 또래 아이들처럼 어리광부리며 사랑받는 나날을 보내게 된다.

하지만 호사다마인 것이 세상사라고 했던가. 그런대로 풀려 나가던 경기가 어느 순간 내리막길로 치달으면서 그의 아버지도 그 여파로 부도라는 삼각파도를 맞아 파산하고 만다. 빚쟁이들이 몰려들면서 조용하던 집안은 하루아침에 큰 혼란 상황으로 내몰린다.

박 수필가의 인생도 이때부터 더욱 꼬이기 시작한다. 그때가 열아홉, 한창 꿈 많고 감수성 예민한 꽃다운 나이였다. 당장 진학에의 꿈을 포기하지 않으면 아니 되었으니 그 참담한 심정이 오죽하였을 것인가. 이런 가정환경이 어린 나이의 그를 일찌감치 철들게 만들었던 것 같다. 그는 더 이상 공부를 계속할 수 없는 환경을 원망하는 대신 집안의 경제적인 힘을 보태는 일에 뛰어든다. 거기서 희망을 꿈꾸며 더 나은 미래를 설계한다. 그의 억척같은 생활력이 어떻게 해서 길러졌는가를 미루어 짐작할 수 있는 대목이다. 그 곤고했던 지난날은 여러 작품을 통하여 맥맥이 흐르고 있다.

> 유년 시절, 성냥팔이 소녀와 사촌쯤 되는 생활환경에서 나는 자랐다. 나풀거리는 하늘빛 원피스는 꿈에서조차 생각할 수 없는 초라한 모습이었다. 부끄러워 남들 앞에 나서지 못하는 못난이 바보였다. 환경이 이러한 것도 억울한데, 남자였다면 가질 수 있는 기회를 포기해야만 하는 아픔이 눌렀다. 피해의식에 사로잡힌 생각들이 순백의 붓털에 쌓이는 먹물처럼 쌓여서 굳어졌다. -「귀아」 중에서

박 수필가는 어린 나이에 동양자수를 배우기로 작정하고 복지회관을 찾는다. 공단에다 밑그림을 그리고 한 땀 한 땀 수를 놓으며 자신의 앞날을 구상해 간다.

진학의 꿈을 완전히 접은 나에게는 새로운 돌파구가 필요했다.' 60년대 당시에는 산업화의 바람이 불면서 청소년 일자리 만들기의 일환으로 복지회관에서 여러 가지 기술을 가르치기 시작했다. 나는 가장 적성에 맞는 동양자수를 배우기로 했다. 공단에 밑그림을 그리고 명주실로 생명을 불어넣는다. 화가들이 색칠을 하듯 나무둥치에 음양을 넣고 꽃잎에 솜으로 부피를 준 다음 수를 놓으니 하얀 목련이 피어났다. 목련이 한 송이씩 꽃을 피울 때마다 나의 희망도 부풀어 올랐다. 나의 첫 작품이 완성되는 날, 노을빛에 묻히려 했던 나의 미래가 어두운 밤을 지나 여명처럼 밝아왔다.

–「노을 뒤에는」 중에서

수를 놓은 일이 얼마나 인내심을 요하는 고된 작업인가. 그는 이 일을 하면서 그 나이에 벌써 성실한 삶의 자세를 몸소 터득할 수 있었고, 이러한 경험이 훗날 작가로서의 인생에 오히려 큰 재산으로 작용하게 된 셈이다.

3. 서예에 입문하기까지

'수필가' 라는 이름을 갖기 전에 그는 '서예가' 라는 칭호부터 먼저 얻었다. 그것이 그의 나이 마흔여덟 살 때였다. 물론 그러한 이름을 얻기 전까지 사십 대의 늦깎이로 서예에 입문하여 부단한 정진을 해 왔다. 그것이 장장 반평생에 가까운 세월이다.

그는 배움에 목마른 사람이었다. 여기에는 앞서 잠깐 언급한 바 있듯이 아버지의 부도로 인해 겪은 모진 가난의 체험과 그로 인해 잃어버린 어린 날의 학업 기회에 대한 갈증이 뿌리 깊이 박혀서 가슴속에 한으로 남았기 때문이다. 그에게는 한창 공부할 나이에 배움에의 기회를 놓친 일이 평생을 지배하는 트라우마가 된 것 같다. 따라서 그의 배움에의 갈망은 어쩌면 이 '한恨의 승화 과정' 이라고 해도 지나친 표현이 아니라 하겠다.

처음부터 서예에 빠져든 것은 아니다. 서예의 기본이 되는 한문 공부부터 시작한다.

> 남들은 캠퍼스에서 청춘을 노래할 때 나는 생활전선에서 고뇌의 밤을 보내야만 했다. 마음의 공허함을 채울 길이 없어 방황하다가 한자 공부를 시작했다. 처음 천자문을 하늘 천에서 이끼 야까지 거의 매일 썼다. 한 번 쓰는 데 세 시간 반은 넘게 걸렸다. 이렇게 익힌 천자문을 바탕으로 한문에 눈을 돌리게 되었다. 한 구절씩 익히는 동안 한문의 매력에 점점 빠져들었다. -「생의 즐거움이란」 중에서

한문 공부가 어느 정도 궤도에 오르자 비로소 서예에 눈을 돌리게 된다. 서예는 그를 평범한 가정주부에서 한 사람의 예술가로 인생 후반전의 방향을 트는 데 결정적인 계기로 작용한다.

> 나만의 공간인 조그만 서재가 있다. 그 속에는 언제나 변함없이 반겨주는 벗이 있다. 떨리는 마음으로 처음 화선지에 점을 찍던 날이다. 서예는 공허하던 마음에 '충만의 씨앗' 이 되어 한 점으로 들어왔다. 어느덧 15년, 이제는 떨어질 수 없는 벗이 되었다. 기쁠 때는 묵향이 기쁨을 더해주고, 힘들고 지칠 때는 차분하게 나를 돌아보게 해준다. -「나의 벗」 중에서

단지 배우는 것으로 만족한 것이 아니다. 그는 자신이 배우면서

어린 학생들을 가르치는 스승의 길을 가기로 작정한다. 이것이 스스로를 단련하고 자존감을 찾는 보람된 일임을 깨달았기 때문이다. 그 이야기는 「종이 한 장」에 소상히 그려져 있다.

> '한문학원교습소' 는 자격지심으로 우울한 나날을 보내던 나에게 자존감을 가지게 하는 계기가 되었다. 스스로 '아정我庭' 이라는 호를 지었다. 나의 뜰에서 묘목을 키우듯 아이들을 기르고 싶은 꿈을 꾸게 되었다. 하지만 주위 사람들의 시선은 따가웠다. 언감생심 학원 선생님이라니, 닥터 설비나 하는 주제에. 백안시하는 사람들의 인식을 바꿀 수 있을까. 살얼음판을 걷듯이 조심조심 한 발짝씩 나아갔다. 앞쪽 벽에는 커다란 칠판을 설치하고, 뒤쪽 벽 전면에 천자문을 붓글씨로 정성을 다하여 써서 붙였다. 제법 교실 같은 분위기가 풍긴다.

학생들을 가르치는 일은 어쩌면 어린 시절부터 품어 왔던 꿈이었는지도 모른다. 그러기에 이 일은 가방끈 짧은 그에게 크나큰 보람을 느끼게 하고 긍지를 심어주는 계기로 작용한다. 이런 후반전 인생을 가능하게 한 것은 남편의 헌신적인 내조 덕분이었다. 같은 작품의 다음 구절에서 남편에 대한 진한 사랑을 읽어낼 수 있다.

> 온 가족이 열심히 공부하는 모습에 언제나 흐뭇해하는 남편이 초인처럼 느껴졌다. 안사람이 공부하려고 하면 허락은 고사하고 면전에서 타박을 당할 수도 있는 일이었다. 그러나 남편은 정규대학을 보내지 못하는 것을 미안해했다. 얼마나 고마운 일인가. 기대를 저버리지 않으려고 학점 관리에 충실했다. 가끔씩 출석 수업을 하는 날이면 학교까지 등교를 시켜주는 남편이었다. 명실공히 나의 후견인이 되었다.

진정한 부부애를 읽을 수 있는 대목이다. 흔히 대놓고 남편 자랑, 아내 자랑을 하면 팔불출 소리를 듣기 십상이다. 하지만 오랜 고생 끝에 이룬 성취이기에 진정성이 느껴지고, 그래서 남편의 아내 사랑에 독자들은 뜨거운 박수로 응원을 보낼 것임을 믿어 의심치 않는다.

4. 서예에서 문학으로

공부에 대한 갈망은 서예에서 멈추지 않았다. 아니, 서예만으로는 그 간절한 목마름을 다 해소할 수가 없었다. 글쓰기로 눈을 돌려 지나온 삶을 서리서리 풀어내고픈 갈망이 스멀스멀 싹트기 시작했다. 그리하여 수필 쓰기 강좌의 문을 두드렸고, 수년간에 걸친 수련 끝에 마침내 작가의 꿈을 이루게 된 것이다. 그리고 다시 십여 년이 흐른 오늘, 마침내 그 결과물인 수필집 한 채를 완성해 내게 되었으니 참 값진 수확물이 아닐 수 없다.

그가 예전부터 꿈꾸어 왔던 한학漢學에 발을 들여놓게 된 계기는 오래 시중들어 온 시어머니의 죽음과 그로 인해 찾아온 우울감 때문이었다. 그때의 상황을 그는 이렇게 그리고 있다.

> 처음 모명재 가던 날은 초여름 비가 추적추적 내렸다. 당뇨로 십오 년 동안 고생하던 시어머니가 돌아가시고 난 뒤였다. 매일 아침 인슐린 주사를 놓고 보살피는 것이 이미 나의 일상이 되었다. 시어머니가 떠나시고 나니 갑자기 할 일이 없어진 것 같은 허전함으로 수렁에서 벗어나지 못하고 공황상태에 머물렀다. 이런 나에게 친구는 위안 삼아 모명재에 나와 공부를 해볼 것을 권했다. -「모명재」 중에서

이 수필집은 그의 불타는 향학열이 빚어낸 빛나는 성취다. 서예에 입문한 뒤 줄곧 한문 행 · 초서에만 진력해 오다 몇 해 전부터는 서예와는 떼려야 뗄 수 없는 문인화 공부로 이어졌고, 이로써 예술가로서의 지평을 한층 넓혀 가고 있으며, 그 결과 지금까지 사군자 외에도 연, 포도, 홍시, 파초 등을 소재로 한 수십 점의 문인화 작품을 완성해 내었다.

> 서예를 하다 보면 문인화를 그리고 싶은 욕망이 일어난다. 사군자의 梅, 蘭, 菊, 竹 중에 대원군이 즐기던 날카로운 난을 치고 싶기도 하고, 설중매의 매화를 그리고도 싶다. '내 누님 같은 꽃' 국화를 그리고도 싶지만, 우선 시가媤家의 선대 어른이신 죽정 선생이 즐겨 심고 그리던 竹을 그리기로 했다. 〈중략〉
>
> 이렇게 배우기를 일 년이 지났다. 마침내 화선지에 바람이 일어난다. 대나무에도, 댓잎에도 시원한 바람이 분다. 벽에다 걸어놓고 바람을 느낀다. 입가에 미소가 저절로 지어진다. 솨~아 하는 댓잎 스치는 소리라도 나는 양 즐거워한다. -「생의 즐거움이란」 중에서

보기 좋은 떡이 먹기도 좋다고 했던가. 이번 수필집의 여백 여백에다 자신이 직접 쓴 글씨와 자신이 직접 그린 그림들을 적절히 곁들여 놓음으로써 글의 품격이 한층 돋보이는 것은 말할 것도 없고 읽는 맛까지 살아나는 효과를 거두고 있으니 금상첨화가 된 셈이다.

5. 생의 의미 찾기

박윤효 수필가는 누구보다도 마음이 여리고 섬세하며 감성이 풍부한 사람이다. 그러기에 그는 작은 일에도 금세 감동하고 별것 아

닌 것에도 쉽사리 마음을 다친다. 이는 그가 천부적으로 착한 심성을 타고났기 때문임에 틀림없다. 이 점이 수필가로서는 오히려 큰 무기가 된다. 좋은 수필가가 되기 위해서는 무엇보다도 마음이 맑고 따뜻해야 한다. 그리고 진실하지 않으면 안 된다. 이렇게 볼 때 박 수필가는 좋은 수필가로서의 조건을 충실히 갖추고 있다고 보기에 의심의 여지가 없다. 그의 이러한 성향은 여러 작품에서 두루 나타난다.

먼저 「연꽃에 띄운 사연」이라는 작품을 보자. 이 수필은 아이들을 낳아 키우면서 차차 성장한 뒤 독립하는 과정을 지켜보는 감회를 작품화한 이야기이다. 큰아들이 성인이 되어 작가의 품을 떠나가던 날의 애틋한 감정을 그는 이렇게 서술하고 있다.

> 큰아이가 성인이 되어 내 품을 떠나가던 날, 아이는 메모를 남겼다.
> '창 밖에는 눈이 오고 있다. 이제 내 꿈을 위하여 집을 떠나야 한다.……' 짧은 메모 속에 하지 못한 많은 말들이 담겨 있었다. 아이를 낯선 서울에 홀로 남겨 두고 돌아오는 열차 안에서 참았던 눈물이 쏟아졌다. 체면도 차릴 수 없었다. 아이도 아마 울고 있었으리라, 난생 처음 겪는 이별이니.

그 이후 시간이 흘러 다시 작은아들을 독립시키게 되었을 때, 그는 큰아들을 품에서 떠나보낼 때와는 또 다른 감정을 토로한다.

> 두 번째 이별이 다가왔다. 형을 떠나보내고 둘이 쓰던 방이 얼마나 허전할까 하는 마음에 작은아이에게 전축을 사주었다. CD와 음반을 들으면서 잘 지내기를 바랐다. 작은아이마저도 서울로 떠나가던 날,

아이의 방에서는 베토벤의 전원교향곡이 잔잔하게 흘러나왔다. 유치원 갈 때는 아끼는 곰돌이를 안겨주더니, 이제는 전축만 남겨놓고 떠나가려 한다. 고요한 슬픔이 밀려왔다.

하지만 언제까지나 그런 감정으로 살아갈 수는 없는 노릇 아닌가. 꽃이 떨어져야 열매를 맺는 이치처럼 그는 분리의 감정을 슬기롭게 추스르는 법을 알고 있다.

항상 정에 갈증을 느끼던 어느 날, 문득 '솔로몬의 지혜' 가 떠올랐다. 진정으로 자식을 생각하는 어미의 마음을 잘 보여주는 이야기이다. 그 여인의 마음으로 두 아들에 대한 정은 며느리에게 양보할 때가 온 것 같다.

이제 부모의 역할은 바뀌었다. 이미 성인이 된 두 아들의 뒤에서 조용히 배경 역할을 하는 병풍이 되리라. 손자에게 할아버지 할머니의 사랑이 필요하면 나누어 주고, 아들 며느리에게는 부모에 대한 효심이 일어날 때면 즐겁게 받아주며, 주인공을 더욱 빛나게 하는 병풍. 필요할 때 펴고 소용이 없을 때는 접어두는 병풍. 직접 무언가를 할 수 없음을 감내하고 적재적소에 알맞은 병풍 역할을 익혀야겠다.

그의 이처럼 여리디여린 심성은 다른 작품들에서도 두루 나타난다. 「세월의 두께」에서는 팔순의 시어머니를 통하여 미래의 자신을 떠올리며 지나간 시간의 회한으로 눈물짓는 장면이 실감나게 그려져 있고, 「비뚤이 손」에서는 궁기가 찌든 집에 시집와 애면글면 일상을 엮어가다 어느 날 작두에 손가락이 날아가 버려 일상생활에 여간 불편을 겪지 않을 수 없게 된 친정어머니의 고달팠던 삶에 대한 안쓰러움을 그리고 있으며, 「아버지의 수의」에는 시골에서 농부로 살다 줄줄이 사탕 같은 자식들 교육 때문에 과감히 도시로의 탈출을 시도하지만 불의의 사업 실패로 인한 충격으로 쓰러져 시난고난하다 세상을 떠난 친정아버지에 대한 애끊는 그리움이 애잔하게 흐르고 있다.

어느 날 그는 시부모를 모시고 고향을 다녀온 일이 있었던 모양이다. 그때 차 안에서 시어머니가 느닷없이 울음을 터뜨린다. 전혀 예상치 못한 상황이었기에 차 안은 일순 황망한 분위기로 돌변한다. 평소에는 조금도 우울한 기색을 보이지 않으셨던 분이다 보니 그는 그런 시어머니의 행동을 전혀 이해하지 못한다. 세월이 흘러 이제 그가 그때의 시어머니 나이가 되었고, 그제야 비로소 왜 시어머니의 마음을 헤아리지 못했는지 쓰린 후회의 감정을 쏟아낸다.

세월은 사람을 기대려 주지 않는다는 말이 있다. 그 누구든 때가 되면 사랑하고 아끼던 모든 것 훌훌 벗어던지고 영영 돌아올 수 없는 먼 길을 떠나야 한다. 이 절대의 철리哲理 앞에서 과연 어느 누가 당당할 자 있을 것인가. 작가는 나이 들어서 세상에 영원한 것은 없다는 제행무상의 이법을 깨닫고 이 수필을 통해 시어머니의 지난날을 애틋하게 그리고 있다.

> 이제는 병들고 지친 몸이 떠날 것을 예감하고 그렇게도 서럽게 우셨던가. 고향의 큰아들도 병이 들어 안타깝고, 벼가 자라 일렁이는 논밭에서 새참을 이고 가는 시어머니의 젊은 날이 생생하게 떠오른 것일까. 논에서 피를 뽑는 시아버지의 모습이라도 보았을까. 지난하고 고달팠던 한평생이 그리움으로 사무친 것일까. 차마 자식들에게 말로는 못 하고 온몸으로 보였는데, 우둔한 자식들은 그 마음도 헤아리지 못하고 노인네의 주책으로만 생각했다.

세상만사가 무상이라 했던가. 어제가 이어져서 오늘에 이르렀다. 같은 것 같지만 보이지 않을 만큼씩 변하고 있다는 사실을 내 모습에서 발견한다. –「세월의 두께」 중에서

그런가 하면, 뇌졸중으로 쓰러져 요양병원에서 투병생활을 하는 친정어머니의 상처 입어 온전치 못한 검지를 바라보며 회한에 젖는 사연도 나온다. 작가는 그 손가락을 '비뚤이 손'이라고 이름 짓고 있다. 이 손이, 이른 나이에 남편을 저세상으로 떠나보내고 팔 남매를 애면글면 키워내는 사이에 "섬섬옥수였던 새아씨의 손은 세상에 하나밖에 없는 비뚤이 손이 되었다."는 표현으로 친정어머니의 지난했던 한살이를 가슴 아파 하며 애끓는 사모의 정을 토해내고 있다.

한편 「아버지의 수의」에서는 작가 자신이 직접 지은 수의를 입고서 저세상으로 떠난 친정아버지가 영원히 고고한 선비의 기상으로 기억되길 염원한다. "비록 살아생전에는 남루한 옷을 입었을망정 이제 아버지가 원하시던 모습이 되어 영면에 들 수 있"게 되었으니 생전에 깨끗한 양복 한 번 못 해드린 못난 딸자식의 마음이 조금은 편안해졌을 것 같다.

박윤효는 가족과 친지와 이웃을 통하여 생의 의미를 찾고자 애쓰는 수필가이다. 팔남매의 셋째 딸로 태어나 형제자매들과 부대끼며 어린 시절을 보낸 작가로서는 지난날의 살가웠던 가족애가 그리웠는가 보다. 그 애틋한 기억이 시집에서도 그대로 이어졌다. 공교롭게도 남편의 형제자매 역시 팔남매였으니 인연도 참 드문 인연이 아닐 수 없다. 그는 그들이 함께 모여 회포를 풀 공간이 필

요하다는 마음을 늘 가슴속에 고이 간직해 왔고, 결국 그런 공간을 마련함으로써 마침내 오랜 원을 풀게 된다. 이 감격적인 순간의 이야기는 「팔우당」에서 잘 나타나고 있다.

어느 해 그는 남편의 고향에다 농막 하나를 짓고는 '팔우당八友堂' 이라는 당호를 건다. 그리고 남편 형제자매들과 친지 그리고 마을사람들을 초대하여 조촐한 잔치를 베푼다. 이 잊지 못할 사연은 다음의 구절에서 흥겹게 그려진다.

> 소도 비빌 언덕이 있어야 한다는 옛말이 있다. 농막을 비빌 언덕으로 삼아 서울의 형제들과 각 지방에 흩어져 살고 있는 팔남매가 다 모였다. 한 말들이 솥에는 국이 펄펄 끓고, 서 말들이 솥에는 돼지고기 수육의 구수한 냄새가 온 골짜기에 진동을 한다. 마을 사람들이 삼삼오오 모여들었다. 모두가 일족들이니 청하지 않아도 자연스럽게 모인다. 등나무 그늘 아래 차일을 치고 술자리를 마련하니, 이것이 바로 잔치다. 조촐하게 하려 해도 그럴 수 없는 것이 시골의 풍습이다. 서로 덕담을 나누며 흥이 절로 난다. 술 한 잔에 노래 가락이 구성지다.

그날의 정경이 손에 잡힐 듯이 묘사되어 있다. 우리 삶에서 이런 흑백사진 속 풍경 같은 순간이 얼마나 있을 것인가. "어린 시절 살부비며, 티격태격 하던 그 시절로 잠시라도 돌아가고파서 마음은 허공을 헤매고 있다."는 작품 속 구절에서, 수십 년 세월 동안 이런 날이 오기를 꿈꾸어 왔을 작가의 심경을 충분히 미루어 짐작하고도 남음이 있다.

6. 나가는 말

앞서도 잠깐 언급한 바 있지만, 박윤효 수필의 미덕은 무엇보다 진솔성이라고 하겠다. 여기에는 힘겹게 헤쳐 온 어린 날의 소중한 경험이 밑절미가 되어 주기 때문이다. 내용은 별것 없으면서 온갖 화려한 낱말들로 잔뜩 치장을 해 놓은 작품이 난무하는 시대이다. 이런 수필은 알랭의 말처럼 "기둥을 세우는 일을 배우기 전에 장식하는 법부터 먼저 배워버린 글"이어서 독자들을 금세 물리게 만든다. 박윤효 수필이 독자들에게 읽으면 읽을수록 잔잔한 감동을 주고 흡인력을 갖는 이유는, 넘치지도 모자라지도 않으면서 진실성을 무기로 생의 의미를 오롯이 담아내고 있어서라고 하겠다.

서예로 버려 온 예술혼을 바탕으로 수필을 빚어냄으로써 단아한 품격을 갖춘 점도 눈여겨보아야 할 대목이다. 서예를 하다 보면 자연 한시문을 가까이하게 되는 것은 필연적인 수순이다. 그러다 보니 그의 수필 가운데는 전아典雅한 미감이 풍겨나는 작품이 적지 않다. 거기다 서예 작품과 문인화를 곁들여 꾸민 제책 방법이 그 격을 더욱 높이는 시너지 효과로 작용하고 있다.

무딘 붓으로 그려낸 서평이지만 이 글로 하여 그의 수필이 한층 빛나기를 소망하며 큰 박수로 축하를 보낸다. 첫 수필집을 발판삼아 더욱 치열한 작가정신으로 한층 예술성이 높아지고 진한 감동을 주는 작품들이 연이어 발표되기를 기대한다. (*)